HEINZ GRILL

Die Entwicklung einer gehobenen, sympathischen Sprachkultur

Lammers-Koll-Verlag
Häfnerstraße 12
D-74343 Sachsenheim-Häfnerhaslach
Tel: +49 (0) 70 46 / 88 48 224
Fax: +49 (0) 70 46 / 88 48 223
e-mail: verlag@lammers-koll-verlag.de
www.lammers-koll-verlag.de
Web-Shop: www.yogabuecher.de

3. Auflage 2021

ISBN 978-3-941995-85-7

Satz: Regina Spirkl, Albert Wimmer
Druck: Druck: Sowa Sp. z o.o., Piaseczno Business Park ul. Raszynska 13,
05-500 Piaseczno, Polan

Inhalt

Gedanke und Wort

Das Weilen im Gedanken
Schenkt eine wachsende Formgestaltung,
Diese ist essenziell
Für die Seele und den Leib.

Das ausgesprochene Wort jedoch
Entlockt die Seele aus dem Leib,
Leise ist mit jedem Wort geboren
Ein neu erzeugtes Wesen.

Die Entwicklung einer gehobenen, sympathischen Sprachkultur

Arco, 18.5.2007

Für heute möchte ich die zukünftigen Inhalte für eine zeitgemäße spirituelle Kommunikation darbringen, die ich mir erlaube, mit einer kleinen, hoffentlich netten Begebenheit aus meiner Jugendzeit heranzuführen. In meiner Jugendzeit war es noch natürlich, dass wir sehr wenig Geld hatten und somit die Schulzeit oder die Schulferien mit ungewolltem Fleiß überbrückten und wir immer wieder sogenannte Handlangerarbeiten leisten mussten. Die gewöhnlichen Arbeiten, die sich darboten, waren im Bereich des Bauwesens. Die sogenannten Ferienarbeiter mussten bauen, mussten Mörtel rühren und Steine bearbeiten, die der Maurer dann schließlich verwenden konnte. Diese Steine, die der Maurer verwenden wollte, wenn er eine Mauer aufbaute, mussten aber auch sorgfältig nach Maß zugeschlagen werden.

Es war jedenfalls nach meiner Erinnerung ein lehrreicher Tag auf dem Baugelände. Ich brachte gerade einen frisch zugeschlagenen Stein zum Maurermeister, gab ihn ihm in die Hand und fragte ihn, ob er »geht«. Ich gebrauchte genau die Worte: »Geht dieser Stein?« Daraufhin offenbarte der Maurermeister seine außerordentlich nette Humorbereitschaft und reflektierte als Antwort: »Stell ihn doch einmal auf das Podest.« Ich verstand erst die Geste nicht, warum er mich aufforderte, ihn hinzustellen. Der Maurermeister fragte mich nun, nachdem der Ziegelstein am Podest abgestellt war: »Geht er? Besitzt der Ziegelstein zwei Beine und kann er damit gehen?« Der Maurermeister meinte mit seinem originellen Humor das »Gehen« wörtlich.

Die Sprache soll nun aber nach einem esoterischen Zusammenhang betrachtet werden. Es sind vorzugsweise bestimmte Organe wie die Nieren mit der Sprache in einem urbildlichen Austausch. Die Nieren reagieren auf die Sprache wie ein eigenes Ich, wie eine eigene Person. Sie begeben sich in eine Art Rückzug oder im Gegensatz hierzu in eine sensitive freudige Offenheit. Wenn der Mensch die Sprachgestaltung oder die Sprachfähigkeit nicht ordentlich entwickelt, so wird er auch dumpfer oder kränker in seiner Nierenorganisation. Er muss deshalb nicht physisch krank werden, sondern die Nieren treten nicht in den vegetativ intakten Zusammenhang, in dem sie im Gesamten des physischen Leibes stehen können. Alle externen und internen Einflüsse im Menschen, die Beziehungsverhältnisse zu den Mitmenschen sowie die Gefühle des unbewussten Inneren, stehen zu den kosmischen Einflüssen, zu denjenigen Kräften, die in den Sternen aufgespeichert sind, in einem feinsten, existenten Zusammenhang. Es atmet eine Einheit im kosmischen und irdischen Dasein im wechselseitigen Austausch. Die Sprache ist insofern wertvoll, da die Sprache eine lebendige Wesensnatur besitzt, eine schaffende, lebendige Wesensnatur. Es ist ein großer Unterschied, ob ein Wort durch den Mund real ausgesprochen wird oder ob das Wort nur im Denken zurückbleibt. Ab jenem Moment, ab dem jemand ein Wort ausgesprochen hat – die Tatsache lässt sich an verschiedenen Beispielen prüfen – ergibt sich eine Art irdische Manifestation. Das Wort, das einmal ausgesprochen wird, kann Freude oder Verhängnis bewirken. Es stellt das physische Wort jedenfalls zu einem gewissen Grad immer eine irdische Manifestation dar, es ist wie ein Ziegelstein, der für ein Gebäude gesetzt wird und jedes ausgesprochene Wort erbaut die Struktur des Lebens und diese Struktur des Lebens wird wieder die folgende Zukunft in eine bestimmte Richtung lenken.

Es kann ein positiv gestimmtes Wort beispielsweise Freude auslösen, gleichzeitig kann aber auch davon ausgegangen werden, dass ein negativ gestimmtes Wort Trauer oder Verzweiflung auslösen kann. Wenn das Wort einmal ausgesprochen wird, so wird es sich entsprechend in der Bahn des Lebens einfügen. Es ist auch schwer, das einmal ausgesprochene Wort wieder zurückzunehmen. All das, was sich im Sprachgeist, in der Sprache des Menschen ausdrückt, sammelt sich aber doch innerhalb der Weltensphäre und bringt *karma* oder die verschiedensten Wirkungen hervor. Es entstehen die verschiedensten Wirkungen mit ihren Folgen.

Die Sprache ist deshalb in buddhistischer Hinsicht eine der wesentlichen acht Punkte, die kontrolliert werden sollen. Es gibt diesen wesentlichen Punkt im achtgliedrigen buddhistischen Weg, der zunächst einmal ganz einfach methodisch aufgezeigt wird und der wie ein solides Gebot ausgedrückt wird: »Du sollst die rechte Sprache, das rechte Wort bewahren oder halten«. Dieses rechte Sprechen ist dann hervorragend und glücklich, wenn es mit den geistigen Prinzipien und mit dem mitmenschlichen Verhalten und somit mit den inneren Idealen und mit den Gesamtbedingungen des Daseins übereinstimmt. Wenn ein Wort mit den verschiedenen seelischen, physischen und geistigen Bedingungen nicht übereinstimmt, bringt es Unruhe mit sich. Wenn ein Wort aber mit den verschiedenen Bedingungen des Daseins übereinstimmt, führt es zu Verbindungen und zur Ruhe. Von den feinstofflichen Leibern aus gedacht, bewirken all jene Sprachformen, die negativ besetzt sind, eine enge Bindung des Astralleibes an den Körper und all jene klaren, konkreten und wahren Sprachgestaltungen eine angenehme Körperfreiheit.

Diese Ausrichtung hier, die sich jetzt nicht unbedingt an eine buddhistische Lehre anlehnt, sondern die tendenziell der Anthroposophie nahesteht oder allgemein verschiedene Yogagrundsätze der Synthese erstrebt, würden wir davon sprechen, dass ein Wort die Sympathie des Astralleibes erwecken kann und damit zu menschlichen, seelischen und geistigen Verbindungen führt oder es kann ein falsch im Zusammenhang stehendes Wort die Antipathie des Astralleibes mit Körperverhaftungen erwecken und somit die Disharmonie im menschlichen Miteinander bis hin zur Entzweiung fördern. Die Sprache jedenfalls ist ein Ausdrucksmittel des Menschen, die für die verschiedensten Verwicklungen, Entzweiungen, Entsprechungen und Verbindungen notwendig ist.

Der Mensch lernt aber die Sprache nicht durch sich selbst – das ist ein wesentlicher Hintergrund – sondern er muss die Sprache durch das Miteinander lernen. Würden wir davon ausgehen, dass wir heute einen Menschen auf eine Insel setzen und ihn seines Glücks überlassen würden, seines Glücks der Einsamkeit und des Abgeschiedenseins, so würde er, wenn er noch keine Sprache gelernt hat, auch keine Sprache hervorbringen können. Wir könnten nicht erwarten, dass wir heute einen Kollegen auf eine Insel versetzen, auf der er nicht kommunizieren kann, ihn dort ohne Bücher und ohne Lernmaterial belassen würden und ihm beibringen wollten, er solle dort die russische, die französische oder irgendeine andere Fremdsprache lernen. Er hätte keine Möglichkeit, die Sprache, die er noch nicht kennt oder anerzogen bekommen hat, zu lernen. Er muss zum Lernen der Sprache bereits die menschliche Verbindung aufsuchen. Er braucht die menschliche Verbindung zum Lernen der Sprache. Das ist eine wesentliche Tatsache, die er nicht vergessen darf. Ein Tier, ein Vogel kann sich am Morgen mit dem Gezwitscher mit seinen Artgenossen durch instinktive Anlage verständigen, aber der Mensch würde sich sehr schwer tun, wenn er sich ordentlich verständigen müsste und keine Sprache gelernt hat. Die Sprache ist eine wesentliche Eigenschaft, die für jeden Menschen würdevoll ist, sie soweit auszuprägen, dass damit auch ein geeigneter, sympathischer Ausdruck und schließlich darüber hinaus eine schöpferische Umsetzung mit Liebe und Freiheit entstehen kann.

Dazu muss sich aber selbst derjenige, der schon viele Sprachkenntnisse im Sinne von Fremdsprachen, von poetischer Wortwahl oder allgemein von gehobener Sprachkultur kennt, wieder dazu aufrichten, dass er die Sprache gemäß seiner Entwicklung, seiner Entwicklungsmöglichkeiten, seiner Ideale und eines erdachten, erwogenen, geistigen Zieles mit einer übergeordneten moralischen Vollkommenheit oder eines Vollkommenerwerdens ausdrückt. Wenn wir heute davon ausgehen, dass wir gute Sprachfähigkeiten haben, dann ist das eine günstige Grundlage. Darüber hinaus besteht aber die Anforderung in der geistigen Entwicklung, dass diese Sprache nicht als dialektisches Wesen stehen bleiben kann, sondern sie dazu aufsteigt, dass all das, was ausgesprochen wird, auch richtig ist, dass all das, was durch den Munde fließt, somit zu einer Manifestation wird, die sich sympathisch, verbindend und tragbar in die Welt hineinfügt. Das ist eine recht große Anforderung. Ein geistiger Weg, wie es dieser hier ist, ist ein schöpferischer Weg. Es wird dasjenige in der wesentlichen Natur, in der Essenz des persönlichen Wesens bleiben, das tatsächlich gemäß der besten Wahrheiten geschaffen wird. Dasjenige wird einen bleibenden Wert haben, das der Mensch schöpferisch aus Weisheit hervorbringt. Dasjenige, was er nimmt, was er konsumiert, was er in passiver Weise vom Leben aufnimmt und annimmt, hat keinen jenseitigen, keinen ewigen, bleibenden Wert, aber das, was aus ihm ausstrahlt, was er in die Welt hineinstrahlt, das hat fortdauernden oder sogar ewigen Wert. Es ist deshalb ganz besonders darauf Wert zu legen, dass die Worte, die die Aspiranten auf dem Weg ausdrücken, zu den verschiedensten weiteren Folgebewegungen führen werden. Es kann durch gehobene Worte eine Auflösung des *karma* geschehen oder es kann durch Unvermögen und Irrtum plötzlich Verwicklung und Anhäufung des *karma* gedeihen. Wie belanglos heute beziehungsweise im Allgemeinen des ganzen menschlichen Lebens die Sprache genommen wird, zeigen die verschiedensten, inhaltslosen schlechten Medieninformationen.

Es ist nicht einfach, die Realität des Lebens und der menschlichen Verhältnisse so wiederzugeben, dass sich nicht viele Gemüter emotional beeinträchtigt fühlen. Die Emotion scheint eines der wichtigsten Besitztümer einer sogenannten aufgeklärten und freien Persönlichkeit zu sein. Deshalb erscheint es fast wie Zwang, wenn diese Realität ausgesprochen wird, dass normalerweise beim zeitgeprägten Menschen der Mund schneller ist wie der Verstand. So manche Hysterie oder Manie bemächtigt sich sogleich des Mundes, der Zunge und erst im Nachhinein kann der Einzelne, wenn er noch bei Verstande ist, die Folgen seiner Worte feststellen. Wie wenig wird mit klaren Vorstellungen ausgesprochen? Wie viele Worte haben ungünstigen, niedrigen, belanglosen, trivialen oder unzusammenhängenden, emotional einseitigen Charakter? Wie viele Worte sind es täglich, die sich in die Weltensphäre hineinposaunen, ohne wirklich in einen Zusammenhang zu treten? Man achte einmal in stiller Beobachtung darauf, wie der moderne Mensch belangloseste Gespräche zum Zeitvertreib nimmt.

Was wird aber im durcheinandergewirbelten Getöse von Stellungen und Gegenstellungen, Positionen und Gegenpositionen geschaffen? Auch die belanglosesten Worte schaffen etwas, wenn sie auch nur *māyā*, Illusion und damit Chaotisches, Unzusammenhängendes schaffen, so schaffen sie dennoch etwas, denn das ausgesprochene Wort wirkt wie eine Manifestation, die sich in der Welt verkündet. Aus diesem Grunde wird auch darauf Wert gelegt, dass man in Meditationsräumen nicht trivial spricht, sondern dass in Meditationsräumen eine Sphäre von klaren Idealen, gehobenen angemessenen Gedanken bleibt, denn man weiß in den verschiedenen östlichen wie auch westlichen Initiationsstätten, dass die Räume von der Art der Worte, die der Mensch bei sich trägt, gezeichnet werden.

Die Sprache sollte entwickelt werden. Wird sie zu wenig entwickelt, wird das Aufeinanderzugehen und Kommunizieren zu wenig im menschlichen Dialog und im sozialen Miteinander erbaut, besteht die Gefahr, dass sich Menschen in eine sogenannte schizoide Neigung geben und somit eine Art Nierenkrankheit, eine verborgene Nierenkrankheit erzeugen. Personen, die infolge ihrer psychologischen Gestimmtheit immer in den Rückzug übergehen, sei es durch frühkindliche Anlagen, sei es durch Unbeholfenheit oder vielleicht sogar durch besondere vorsätzliche Berechnung, nehmen sich immer weiter aus einem astral und natürlich bestehenden Zusammenhang heraus und sie gehen dem gefährlichen Weg entgegen, dass sie wirklich in sich Spaltungen erzeugen, die dann zu Verhärtungen und weiteren pathologischen Folgereaktionen führen. Es soll die Sprache nach Weisheit und einem freudigen Sinn entwickelt werden, damit ein Zugehen im Menschlichen nach den inneren Bedürfnissen der Seele und nach dem gesunden Antrieb nach sozialer Entwicklung möglich ist. Das Wort »Schweigen ist Gold« besitzt eine Wahrheit in Bezug auf das aktive Denken und gewissermaßen nicht auf das Reden, denn dass das Schweigen im richtigen Sinne Gold ist, ist sicher angemessen, wenn es im Sinne von Weisheit geschieht, aber im falschen Sinne, wenn es sich um vorsätzliche Rückzüge oder unzureichenden klaren Austausch handelt, ist das Schweigen nicht Gold, sondern es ist wohl eine Verweigerung und Antipathie und ein Weg in die Spaltung. Auf diesen Gedanken, wie das Denken in bewusster und weiser Zurückhaltung der Worte und das Reden in bewusster Führung der Vorstellung wirkt, vor allem wie diese auf den Astralleib wirken, kommen wir in einer späteren Ausführung zu sprechen.

Das Kommunizieren sollte gelernt werden und sollte einmal in die ganz spezifische Aufmerksamkeit rücken. Es sollte so in die Aufmerksamkeit rücken, dass wir das, was wir durch den Munde und durch unsere Sprachwerkzeuge plaudern, einen geeigneten klaren Charakter und eine doch bewusste Vorstellung besitzt. Wir sollten dasjenige aussprechen, zu dem wir eine Vorstellung haben, aber zu demjenigen, zu dem wir keine Vorstellung haben, sollten wir uns gar nicht in der Kommunikation verausgaben.

Wenn es uns gelingt, dass wir nach klaren Vorstellungen und möglichst richtigen Gedankeninhalten und Gedankenbezügen sprechen, dann werden wir durch diese Sprache ein weitaus gehobeneres Niveau erzeugen und werden das ganze menschliche Verhalten verschönern und veredeln. Die Sprache veredelt den Menschen. Es ist wahrhaftig so, dass angenehme klare Worte – seien sie mit Humor gewählt, seien sie mit Eleganz beseelt oder mit Weisheit inspiriert – immer den Menschen zu einem viel lichteren, strahlkräftigeren Bewusstsein führen. Dieses Bewusstsein der Sprache wäre ein erster Schritt, dem wir uns annähern. Man höre einmal hin, wie häufig Worte gebraucht werden, die für einen Zusammenhang gar nicht geeignet sind, wie Worte aus emotionaler Abstumpfung heraus gewählt werden, wie wenig Beschreibendes, wie wenig klar Geordnetes durch die Zunge fließt.

Eine Sprache in geordneter Weise benötigt ein Bewusstsein. Ein Bewusstsein erbaut sich auf den Vorstellungen. Wenn wir eine Vorstellung von einer Sache errungen haben und sie damit aussprechen, dann kann diese Sprachdarstellung in der Regel nur angenehm wirken. Die Vorstellungen müssen natürlich richtig sein. Nehmen wir einmal ein kleines Beispiel.

Da der Mensch nicht immer weiß, ob er mit seiner Anschauungsfähigkeit richtig liegt oder ob er in Irrtümern befangen ist, muss er etwas vorsichtig im Sinne von Bewertungen sein. Eine Bewertung steht nur dann zu, wenn sie wirklich rational und konstruktiv zu einer Sache gerichtet ist. Als Verurteilung, Aburteilung, Abwertung steht sie dem Menschen in der Regel nicht zu, denn die Aburteilung oder gar vielleicht die vernichtende Kritik ist immer mit einer Dunkelheit der Seele und Antipathie des Fühlens begleitet. Wenn wir jetzt einen Menschen nehmen, der auf unkonstruktive Weise verurteilend wirkt und ihn in der Ausstrahlung betrachten, dann wirkt er mit sehr dunklen oder sehr roten, bräunlichen schmutzigen Wesen nach außen. Es ist kein schöner Anblick. Es liegt tatsächlich ein hässlicher Anblick in den egoistischen, schlechten und verurteilenden Wortgebäuden vor. Da es aber nicht immer leicht ist, ein gesundes Urteil zu finden und damit ein rationelles Bewerten einer Sache zu finden, ist es günstig, wenn auch in der Art der Sprachdarstellung eine klare Gliederung erfolgt.

Im Sinne eines geistigen Weges ist es für die wenigsten ersichtlich, wie sich beispielsweise eine Handlung, die im Irdischen geschieht, im Nachtodlichen, im Geistigen ausdrückt und manifestiert. Für die wenigsten ist es möglich, dass eine Handlung sich darbietet, wie sie wirklich in ihrem reinen kosmischen nachtodlichen, seelischen Urgrund ist. Deshalb ist eine moralische Bewertung einer Handlung oftmals sehr schwer, denn das, was für den einen vielleicht negativ sein kann, kann für den anderen unter bestimmten Verhältnissen sogar positiv sein. Die Bewertung, wie sich eine Handlung wirklich in den geistigen Weltenzusammenhang hineinfügt, ist deshalb schwierig.

Man braucht nur einmal Beispiele aus der Geschichte nehmen. Zur Zeit des Mittelalters war es so, dass die Kirche die Gläubigen an ihr System binden konnte, indem sie mit gewissen Versprechungen arbeitete und einen Sündenablass, eine sogenannte Verringerung der moralisch angehäuften Schuld durch Geldspenden versprach. Wer seine fünf Taler, die er verdient hat, entsprechend in die Kirchenkasse spendete, bekam einen Sündennachlass im Jenseits. Für uns ist das, natürlich heute gesehen, eine absolut groteske Vorstellung. Zu dieser Zeit aber war die Sphäre von Angst vor der Sünde wahrhaftig ergriffen und das Fegefeuer taumelte wie ein Schreckensgespenst an den Menschen entlang. Da niemand so recht wusste, was nun wirklich im Fegefeuer geschieht, konnte auch keiner so recht eine wirkliche Stellung beziehen. So gab es Ketzer, die verfolgt wurden und sogenannte Gläubige, die sich dem System unterwarfen. Jedenfalls aber versprach man Menschen einen Sündenablass, wenn sie genügend gespendet hatten. Nun wird von dieser Betrachtung, die dem modernen Verstand entspricht, heute jeder feststellen können, dass das wohl ein wirklich grotesker Unsinn gewesen ist, ein Unsinn, der nicht nur auf Unwahrheit beruht, sondern sogar auf moralischer Verwerflichkeit. Es ist heute durchaus zu verstehen, dass es moralisch nicht vertretbar ist, auf diese Weise zu argumentieren, dass man heute, wenn man nur genügend spendet, den nötigen Sündenablass erhält.

Nun bekommt man heute nach so und so viel hundert Jahren einigermaßen einen Überblick über das damalige Geschehen. Wie ist aber heute der Zeitgeist, der das Kollektive der Menschheit einhüllt und auch der Sprachgeist, der dem Verfall unterlegen ist? Wie sind des Weiteren die Ängste heute? Die Ängste sind ebenfalls von dem Zeitgeist programmiert. Heute sind ganz andere Grundprinzipien modern geworden. Heute wird man nicht vom Fegefeuer sprechen, sondern man spricht sogar davon – das sind die jüngsten Neigungen in der Kirchenszene – das Fegefeuer aufzulösen. Aus der marktorientierten Ausrichtung der Kirchenpolitik neigen zahlreiche namhafte Kleriker dazu, die Existenz des Fegefeuers, des sogenannten *kāmaloka* zu leugnen und von einem leichtfertig zu gewinnenden paradiesischen Heil und einer Auferstehung des menschlichen Fleisches zu sprechen.

Nur hoffe ich, dass man von diesem, einigermaßen schon emanzipierten und selbstlosen Standpunkt, soviel Glauben aufbringen und feststellen kann, dass sich die geistige Welt durch verschiedene Werbeaktionen, Werbeglaubeaktionen nicht gleich verändern wird, sondern dass die geistigen Gesetze und geistigen Grundprinzipien doch noch bleiben. Es wird hoffentlich auch so weit sein, dass hier die Aufklärung oder die Angstfreiheit noch ausreicht und festgestellt werden kann, dass es wohl nicht so sein wird, dass die sogenannten Ketzer, die sich einer sogenannten verderblichen Sekte anschließen, wie diese von der Kirche bezeichnet wird, schon durchs Fegefeuer gehen müssen und dass sich die Nicht-Ketzer, die sich dem Glaubensbekenntnis der Kirche gehorsam widmen, dem Fegefeuer entziehen können.

Wie viel aber gerade doch der Zeitgeist innerhalb dieser Manipulationen wirksam macht und wie auch der Sprachgeist darin involviert ist, darüber macht man sich natürlich meistens nicht genügend Vorstellungen, denn es ist wirklich eine Tatsache, dass die Menschheit von Jahrhundert zu Jahrhundert oder von Zeitabschnitt zu Zeitabschnitt immer in bestimmte Hüllen eingebunden ist. Innerhalb dieser Hüllen muss erst einmal eine langsame Freiheit errungen werden. So ist aber gerade die Sprache eine Möglichkeit, sich individuell zu erfahren und sich im Gegenüber richtig wahrzunehmen. Die Kommunikation benötigt eine aufsteigende moralische Entwicklung.

Als Anregung für heute können wir einmal darauf achten, dass die Kommunikation in einer Ausrichtung erfolgt, die mit weisen oder klaren Vorstellungen einhergeht. Stellen wir uns einmal vor, was wir wirklich aussprechen können. In der materiellen, trivialen Orientierung sagen wir: Wenn wir heute irgendein Missgeschick erfahren, dann ist es in der Regel immer das Ding, das uns gerade zum Missgeschick führt und wenn dieses Ding zum Missgeschick wird, so ist es die Bemühung, von dem Ding, das schlecht geraten ist, frei zu werden. Wir werden geeignete Worte finden, wie wir dieses Ding beschimpfen oder in die Antipathie senden. Indem wir innerhalb einer sehr materiell orientierten Denkart bewerten und ergründen oder allgemein eine Art monokausales Lebensprinzip beglaubigen, übersehen wir doch den wirklichen Zusammenhang in der Seele. Vielleicht übersehen wir die Beziehungsstruktur, die wir zu den problematischen Verhältnissen durch uns selbst geschmiedet haben.

Wenn wir sprechen, dann sollten wir eine Vorstellung darüber haben und wirklich das Konkrete oder Wesentliche wiedergeben. Wir können die Sprache so ausrichten, dass wir zum anderen, zum Gesprächspartner erst einmal hinüberblicken und uns ein Bild davon aneignen, was wir sprechen können, was im Interesse einer Sache liegt und schließlich, wie wir etwas formulieren und angemessen beschreiben können. Wie können wir so sprechen, dass wir nicht Bewertungen vollbringen, sondern tatsächliche Darstellungen und Ausführungen, die mehr charakterisierend sind und dadurch die Sache selbst in ein anschauliches Licht rücken?

Die Sprache ist für jegliche menschliche Begegnung und für alles menschliche Niveau, für alles zu schaffende menschliche Miteinander außerordentlich wichtig. Es ist deshalb günstig, wenn wir einmal einen Tag verbringen und auf die Sprache achten, wie wir sie nach ihrer Konkretheit und nach wirklicher nachvollziehbarer Logik und Vorstellung gebrauchen, wie sie desgleichen andere gebrauchen und wie wir in ein projektionsfreies und bewertungsfreies Miteinander kommen können. Bei dieser Beobachtung, bei dieser ersten beginnenden Disziplin von dem Unkonkreten in das Konkrete und Vorstellungsgemäße ist es günstig, wenn sich die Anwesenden bemühen, aufeinander zuzugehen, sodass sich niemand zu früh zurückzieht, sondern sich tatsächlich im Gespräch ausrichtet, sich lebendig einbringt. Es ist immer günstiger, man hat einen natürlichen Versuch der Kommunikation gestartet als die Kommunikation aus Angst erwürgt. Man sollte wirklich den Versuch der Kommunikation nach konkreter Vorstellungsarbeit und mutiger Identität mit Humor leisten.

Die richtige Anwendung der Sprache ordnet den Astralleib und löst die Seele harmonisch von ihrem leiblichen Träger, dem physischen Leib, los. Leichtigkeit und Humor, Aufmerksamkeit und Wendigkeit nehmen für diese Disziplin eine nicht unerwähnenswerte Rolle ein. Diese Eigenschaften unterliegen dem Planeten Merkur. Der Merkur inspiriert die Geschicklichkeit im Sprachvermögen. Mit einem Aphorismus kann dieser Zusammenhang von dem Merkurwirken auf das Leib-Seele-Verhältnis beschrieben werden:

Kommunikation ist ein lebendiges Spiel
des gewitzten Planeten Merkur,
der inmitten des Chaos menschlicher Unvernunft
die Seele vom Leibe befreien kann.

Wie Winde aus vier Himmelsrichtungen
wirbeln die Sprachen ein Chaos auf,
verzehren den Äther, höhlen den Leib,
der gewitzte Merkur aber, der befreit.

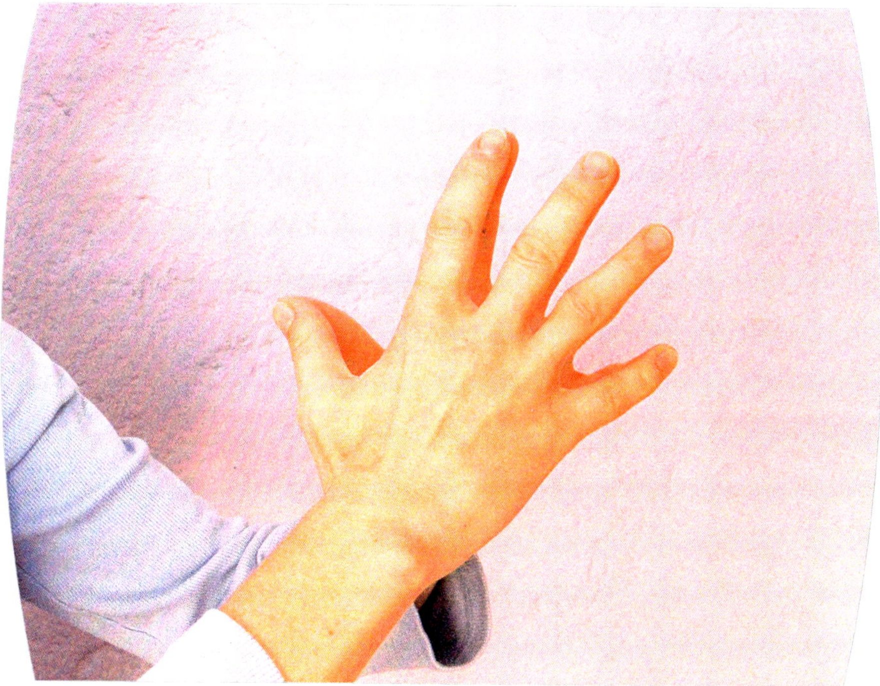

Die Geste der gezielten Berührung der Fingerspitzen führt infolge ihrer sensiblen Aufmerksamkeit zu einer angenehmen Entspannung der Arme. Durch das Zusammenführen der Finger beider Hände löst sich des Weiteren die Polarität von Links und Rechts. Die Geste wirkt beruhigend und verbindend. Sie kann als merkuriale Geste im weiteren Sinne verstanden werden. Nicht zu verwechseln ist diese Geste mit dem Falten der Hände vor dem Herzen, *ātmāñjali-mudrā,* die bei der Übung des Baumes beispielsweise praktiziert wird.

Die Kommunikation und die Bildung von Vorstellungen

Arco, 19.5.2007

Wenn wir uns den Schulungsweg vorstellen, dann gelangen wir zu einer weiteren folgenden Erkenntnis. Der Schulungsweg soll nicht fern vom Leben stattfinden und schließlich das ganze Dasein entfremden. Der Schulungsweg soll in das Leben tiefer hineinführen, aber er soll auf eine Weise in das Leben hineinführen, die tragbar ist, die edel und gutmütiger Art ist. Indem der Schulungsweg in das Leben hineinführt, kann er sich auch mit dem Leben verbinden und kann Mitgefühl und Teilnahme in allen Äußerungen deutlich machen. Würde der Schulungsweg zu sehr aus dem Leben herausführen, so würde er seinen eigentlichen wesentlichen Sinn verfehlen. Es ist aber im Gegensatz auch so, dass der Schulungsweg nicht blind in das Leben hineinführen darf, er muss gezielt entsprechend der Möglichkeiten und der Wertevorstellungen, die schaffbar sind, eine Verknüpfung mit dem Alltag finden.

Dieses Hineinfinden in den Lebensraum des Alltags und hinzu zu einer guten Verbindung zu den Mitmenschen geschieht dadurch, dass wir beispielsweise einmal auf die Kommunikation achten. Es ist eine Möglichkeit, auf alle Kommunikation mit einer besonderen, feinsinnigen Sorgfalt achtsam zu werden. Wie und mit welchen Worten begegnen wir den Menschen? In der Regel ist es eine nicht seltene, sondern eine obligatorische natürliche Wahrheit, eine immer mehr oder weniger deutlich eintretende Tatsache, dass der Mensch etwas anderes ausspricht als er denkt. Dasjenige, was gedacht wird oder was an Gedanken oder Bewusstseinsformen vorherrscht, wird in der Regel nicht wirklich so ausgesprochen, wie es ist, sondern es kommt mit ganz anderen Worten, mit ganz anderen Äußerungen nach außen. Dasjenige auszusprechen, was dem Menschen wirklich ein Anliegen ist, das habe ich gestern ausgeführt, ist nicht immer ganz einfach, denn dasjenige, das wirklich Wert in der physischen Welt und in der Seele eine wahre Existenz besitzt, das lässt sich ohne genauere Sorgfalt und Aufmerksamkeit nicht leicht in Worte kleiden. Die Mühe, jene Ziele, Umstände und Bedeutungen, die wichtig erscheinen, in Worte und in

Beschreibungen zu führen, damit sie auf rechte Weise eine irdische Gestalt finden, kann eine hervorragende Disziplin für das gesamte Leben werden. Die Sprache, die mit dieser aktiven Disziplin der Kommunikation verbunden ist, kann das persönliche Leib-Seele-Verhältnis freier entwickeln und das Menschenbild einer beständig wirkenden, anmutigen Geselligkeit mit Humor und Leichtigkeit fördern. Der gute Merkur ist dann geboren.

In der Regel ist das Studium, das man heute an der Universität absolviert, nicht immer bestens geeignet, wirkliche Kommunikation zu lernen. Die wirkliche progressive, moralische Kommunikation zu finden, ist eine Angelegenheit der Geistschulung und vor allem auch eine Forderung der Konzentrationsentwicklung, bei der schließlich die Emotionen und Motive erst einmal voneinander getrennt werden, damit sie auf ihre Weise wirksam werden können. Wenn wir heute den Willen im Leben wirksam machen wollen, dann müssen wir das Emotionale und auch das Gedankenleben aus ihm heraussondern. Wenn wir die Erkenntnisbildung wirksam machen wollen, das hat eine gewisse Ähnlichkeit zur Willensgründung, müssen wir auch den Gedanken frei herausentwickeln und den Willen und ebenfalls das Gefühlsleben einigermaßen gut eliminieren beziehungsweise an die richtige Stelle führen.

Diese Art der Ausrichtung einer grundsätzlichen Übungsmethodik kann in der Kommunikation einen entsprechenden Ausdruck finden. Das Kommunizieren darf um der Direktheit und Leichtigkeit willen, damit ich einmal einige wenige Anregungen herausarbeite, möglichst zwanglos sein und darf vor allen Dingen beschreibend werden. Wir müssen uns an den lichten und leichten Ausdruck gewöhnen, die Dinge zu beschreiben statt sie zu bewerten. Nicht zu früh sollen die in die Schwere ziehenden Bewertungen die Zunge ergreifen. Durch eine gute Beschreibung entsteht automatisch eine rationale Bewertung oder Wertschätzung. Durch Bewertung oder durch zu frühe Beurteilung entstehen in der Regel Antipathie und trennende Schranken.

Bei der Bemühung um eine rechte Sprachgestaltung ist es naturgemäß so, dass es notwendig ist, eine richtige Anschauungsbildung zu absolvieren. Es muss eine rechte Anschauung der Umstände und der Tatsachen erfolgen und es muss im Zuge zu dieser Anschauungsbildung naturgemäß auch eine günstige Reflektionskraft des Gesehenen und eine Ausdauer in der Entwicklung des Denkens bewahrt werden. Wenn wir heute eine gute Spannkraft in einer klaren beschreibenden Art entwickeln, dann genügt es nicht, dass wir nur einmal mit kurzem Blick auf das Objekt der Betrachtung oder auf das zu beschreibende Objekt hinschauen, sondern wir müssen uns von einigen verschiedenen Blickwinkeln bemühen, eine rechte Anschauung zu finden.

Warum ist dies so? Warum ist in der Regel leicht eine Fehlerquelle möglich, wenn wir nur mit einem kurzen Blick zur Sache in die Beschreibung oder in die Beurteilung kommen? Es ist deshalb, da uns in der Regel Wesensmächte, die der Gewohnheit eigen sind, umkleiden und wir sofort etwas bei dem anderen sehen, das aber nicht unbedingt Tatsache sein muss, sondern mehr eine sogenannte Projektion bei uns selbst ist. Diese Wesensmächte können allzu leicht den Menschen verlocken und verführen. Indem aber etwas länger die Aufmerksamkeit verwendet wird, weichen diese Wesensmächte leichter zurück und es kommt das Objekt der Betrachtung in der eigenständigen, in der tatsächlichen Weise besser hervor. Schließlich ist es auch eine Notwendigkeit für die Kommunikation, sich für die Beschreibungen auf weiteren Gebieten auseinanderzusetzen.

Nehmen wir ein Beispiel, damit es deutlich wird, was ich meine. Wir wollen einen Menschen beschreiben, wir wollen ihn möglichst gut charakterisieren. Nun können wir diesen Menschen gemäß des Berufsstandes charakterisieren. Sagen wir, wir sind Therapeut, dann werden wir gemäß den therapeutischen Blicken, die wir uns angeeignet haben, den Menschen beschreiben. Wenn wir einen therapeutischen Blick für den Menschen entwickelt haben, wie er etwa gesund aussieht, wie er krank aussieht, dann werden wir vermutlich in die Beschreibung des Menschen immer wieder diese Kriterien hineinzaubern.

Wenn wir nun den Blick für die Dreigliederung, die in der Anthroposophie eine wesentliche Rolle spielt und auch hier eine nicht ganz unbeachtliche Stelle einnimmt, entwickelt haben, dann werden wir den Menschen danach charakterisieren und beschreiben, wie sein Nerven-Sinnes-System ausgerichtet ist, wie er in seinem mittleren Rhythmus steht und wie er schließlich stoffwechselfreudig, stoffwechselaktiv ist. Unweigerlich werden wir auf diese Kriterien mehr achten. Wenn wir noch ein drittes Beispiel nehmen, dann wird es in aller Deutlichkeit wahrgenommen werden, dass wir, sagen wir, wir sind von Beruf Modedesigner, den Menschen natürlich nach diesen Kriterien betrachten. Wir werden sagen, dem einen steht eine blaue

Farbe, dem nächsten eine rote Farbe, dem einen steht besser eine weite Kleidung, dem anderen eine enge Kleidung und der eine passt gut in einen Anzug, der andere besser in einen Pullover. Es wird jedenfalls so sein, dass wir anhand von fachorientierten Kriterien den Menschen beschreiben, anhand von Fachwissen, das wir gelernt haben. Mit erworbenen, angelernten Gedanken werden wir den Menschen sehen und beurteilen.

Jetzt müssen wir, damit wir eine gute Beschreibung entwickeln, eine Flexibilität schulen. Wir müssen für die Beschreibungen so flexibel werden, dass wir nicht an einem starren Schema bleiben, sondern dasjenige, was wir an Kriterien zur Verfügung haben, flexibel einbringen können. Diese Flexibilität ist für jeden Schüler dringend notwendig, der wirklich ordentlich kommunizieren möchte, denn sonst verwechselt er Kommunizieren mit Egoizieren oder er läuft Gefahr, dass er Kommunizieren mit dogmatischen Elementen begleitet und er verfällt einer mehr oder weniger deutlichen Verhärtung. Es ist nicht der Sinn der Kommunikation, dass derjenige, der seine Worte schwingt, sie auf den anderen hinüberprojiziert, sondern er muss sich frei machen von allen Dogmen, frei machen von all seinen Vorurteilen und mentalen Fixierungen, er muss den anderen sehen lernen und dann die richtigen und die möglichen Vorstellungen in den Zusammenhang bringen. Es soll nicht die Vorstellung, die jemand über ein Menschenbild oder über ein Ideal hat, auf den anderen projiziert werden, sondern der andere soll gesehen werden, der andere soll wahrgenommen werden und es soll mit rechten Begriffen und rechten Bildern schließlich eine Synthese der Worte erfolgen, die dynamisch, lebendig und somit verbindend untereinander wirkt. Diese Flexibilität, in der Menschen kommunizieren, ist etwas außerordentlich Wichtiges. Sie ist die gesunde heilsame und verbindende Merkurwirkung.

Es würde sich die Frage aufdrängen: Wie erreicht der Schüler die Flexibilität im Denken und Sprechen? Wie können die Aspiranten die Flexibilität erreichen? Eine Schülerin sagte kürzlich: »Das ist nicht so einfach, weil ich es beobachte, wie es bei Dir gemacht wird, einmal sprichst Du in dieser Weise, dann sprichst Du in jener Weise und das dritte Mal sprichst Du wieder in einer anderen Weise. Wie sollen wir uns daran orientieren? Wenn Du es heute auf diese Weise ansprichst, dann sprichst Du es morgen wieder auf eine andere Weise an.« Es war fast ein Vorwurf in diesen Worten spürbar, da kein Schema im Gespräch ersichtlich war. Es muss uns aber klar werden, dass wir kein gewohntes Schema in der Kommunikation benützen können, sondern den geistigen Schulungsweg nach undogmatischen, freien Notwendigkeiten anwenden und das Ideal einer wirksamen Kommunikation nach den vielen verschiedenen Gesichtern, die das Leben äußert, entwickeln. Wir können die Vorstellungsbildung nur auf Möglichkeiten, auf ein lichtes menschliches Ideal vorbereiten und damit richtig kommunizieren, flexibel kommunizieren, ohne zu projizieren.

Rudolf Steiner gab einmal einen Hinweis zur Rhetorik, der Kunst des Vortragens, in dem er angab, dass es notwendig sei, dass sich all diejenigen, die einmal einen Vortrag halten wollen, damit auseinandersetzen, dass sie auch auf allerlei Fragen, die vom Publikum kommen können, gerüstet sind. Sie sollen sich überlegen, welche Arten von Fragen, hinterlistige Fragen und fachbezogene Fragen gestellt werden könnten.

Es ist eine bekannte Tatsache, dass es die verschiedensten Fragen gibt, wenn heute jemand einen Vortrag hält. Es gibt die verschiedensten Fragen, beispielsweise Fragen, bei denen jemand im Publikum nur den Referenten prüfen möchte oder Fragen, bei denen jemand seine Besserwisserei behaupten möchte. Wenn sich der Referent geschickt vorbereitet und sich einige Gedanken vorweg dazu ausmalt, dann kann er sich in einen leichteren, flexibleren Kommunikationszusammenhang begeben. Er kann beispielsweise, wenn eine hinterlistige Frage kommt, die den Referenten abwerten soll, mit humorvoller Weisheit entgegnen.

Nehmen wir einmal an, ihr würdet während eines Übungsvortrages eine ganz gemeine hinterlistige Frage stellen, dann würde wohl ein Vortragender ordentlich in das Schwitzen kommen. Ein geschickter Referent würde sich aber auf die Diskussion nicht einlassen, die zur Wichtigmacherei der Sache entfacht werden soll. Nicht Wichtigmacherei sei das Thema, das man in einem Vortrag ausdrücken möchte, sondern der Dialog muss wieder zu einem Thema oder zur Sache ausgerichtet werden. Wichtigmacherei kann ein Referent also nicht gebrauchen. Es muss ein Referent auf Fragen reagieren und mit Fachkunde oder Humor antworten lernen. Er darf sich aber nicht in einer auflebenden Provokation verlieren.

Wer sich in einer soliden, themenbezogenen Kommunikationsart schulen wird, der ist mit Sicherheit nie mehr arbeitslos, selbst in einer Zeit, in der es so viel Arbeitslosigkeit und Schwierigkeiten in der ganzen Ökonomie des Daseins gibt. Wer mit anderen Menschen umgehen kann und alles

Niedrige wieder emporheben kann, ist ein Genie. Er kann das, was sich zum Verfall neigen möchte, was sich zur Trennung und zur Entzweiung, zur Verzweiflung neigt, wieder emporheben und wieder zur glücklicheren Verbindung führen. Eine solche Fähigkeit in der Kommunikation heranzubilden, ist genial und faszinierend, sie ist für den Geistschüler Pflicht.

Es ist ein dringendes Bedürfnis, dass jeder die Fähigkeit zur Kommunikation wirklich entwickelt und zwar Kommunikation auf eine Weise, die ein Wertgefüge in sich hat, denn Kommunikation zum Nutzwert zu entwickeln, das haben wir sicher in der Welt zu Genüge, aber Kommunikation so zu entwickeln, dass man Niedriges herausheben kann und auf eine höhere Stufe führen lernt, das ist etwas außerordentlich Geniales im Sinne des Menschseins.

Für was haben wir die Zunge, für was haben wir die Sprachwerkzeuge, für was haben wir die Möglichkeit zu Gestikulieren und zu beschreiben? Die Sprachwerkzeuge sind die Zeugungsorgane für die astrale Sphäre. Wir werden nach dem, was wir von uns äußern, schließlich in der geistigen Welt unseren Nutzen ziehen. Je günstiger wir Worte ausdrücken, je günstiger wir Beschreibungen in die Äußerung, in die Gestaltung, in die Realisierung, in die Kommunikation, in die Ausdrucksgebung führen können, umso mehr Seele wird uns einmal entgegengehen. Deshalb ist es so wichtig, dass wir das, was allgemein nur innerhalb des materiellen Wertgefüges mit Diskussionen und allerlei Rechthabereien geschieht, so herausstellen, so hervorbringen können, dass wir schließlich in eine Bewusstseinsform kommen, die dem guten Gewissen der menschlichen Liebe und Achtung entspricht.

Die von Gedanken und Vorstellungen getragene Form des Kommunizierens ist bereits wichtig zwischen Eltern und Kindern, von den erwachsenen Kindern zu den Eltern oder umgekehrt. Es ist aber auch wichtig zwischen Menschen, die sich lange Zeit nahestehen und schließlich ist sie im Allgemeinen aller Arbeitsprozesse und Begegnungsformen im Dasein das wichtigste Verbindungsmittel. Die Kommunikation schließt nicht aus, dass wir auch einmal gewisse Heftigkeiten oder Notwendigkeiten ausdrücken. Es schließt nicht unbedingt den bewusst geschaffenen Zorn aus. Der Zorn sollte aber, wenn er günstig und produktiv ist, eine wirklich glückliche Einordnung haben, denn der Zorn geschieht nicht aus dem Willen heraus, der das Gefühl gefangen nimmt und schließlich den

Gedanken in die Schwere und Tiefe zieht. Dann wäre der Zorn negativ, leidenschaftlich, ein *rajas*. Ihr könnt euch das an dem Schema der Dreigliederung vorstellen. Der Zorn entsteht gewöhnlich aus den Emotionen oder aus dem Willen heraus. Er nimmt das Gefühl gefangen und schließlich verschlingt er den Gedanken. Wir haben es mit *krodha*, mit dem Zorn, mit dem alles verschlingenden Wesen *mahāśana* zu tun. Mit *mahāśana* wird der Zorn aus dem Willen im Yoga bezeichnet.

Wenn aber der Zorn als ein bewusster Gedanke genommen wird und von oben nach unten als ein ordentliches Gefühl ausgedrückt wird und schließlich in die bedachtsame Führung einer Handlung gerät, dann ist er heilsam, denn dann führt er bald zu wachsender Liebe und reinigt das menschliche Leben. So können wir feststellen, dass es in der Kommunikation nicht darum geht, dass wir bestimmte Äußerlichkeiten in die Kursrichtung führen, sondern dass wir den Schulungsweg von oben nach unten anwenden und im ganzen Kommunizieren nicht vom Willen und von den Emotionen geleitet sind, sondern von bewussten Vorstellungen. Indem bewusste Vorstellungen wegweisend sind, können wir sie auf richtige, gefühlsmäßige Weise ausdrücken und wir können sie in die Führung des Willens eingliedern.

Es könnte eine gezielte Übung darstellen, wenn Personen imstande sind, verschiedene Rollen einzunehmen. Sie können dann die Rolle des Manipulierenden spielen, so wie das aus dem Organischen heraus, aus dem gefangenen Gefühl entspringt. Dann ist es etwas Schönes, wenn jemand einmal die Rolle des übermannten Zornes spielt, denn man kann förmlich spüren, wenn das gut geschaffen wird, wie der Gedanke gänzlich verschlungen wird und schließlich kann man das Gegenteil rollenmäßig spielen, dass man den bewussten Zorn einmal karikiert oder die bewusste Gefühlsgeste, nicht die vereinnahmende Gefühlsgeste, sondern die bewusste Gefühlsgeste.

Wenn diese verschiedenen Elemente in der Darstellung der Worte von oben nach unten richtig organisiert werden, dann sind sie außerordentlich wertvoll, denn sie lösen auf harmonische Weise die Seele vom Körper, das heißt, dass die richtige Sprache zu einer Freiheit von Bindungen beiträgt. Es wird in der ganzen Ausrichtung, wie sie hier an dem Punkt der Entwicklung steht, so sein, dass niemand ohne gute Kommunikation Fortschritte schafft. Die ausgesprochenen Worte können den Astralleib auf harmonische Weise von ihm lösen, sodass das Oben, das heißt das Bewusstsein, frei und klar wird und das Unten in einer natürlichen Stoffwechselfreude aufbauen kann. Es muss die Kommunikation dem Stand der Schulung angemessen werden, sodass tatsächlich von oben nach unten ein Gedankenleben wirksam gemacht werden kann. Es ist dann, wenn es von oben nach unten geschieht durch klare Vorstellungen, durch entwickelte Gefühle und zielgerichtete Handlungen, eine gewaltlose Kommunikation. Diese macht den Menschen frei und diese fördert sogar eine freie Kraft im Willen des Stoffwechsels. Sie wirkt versöhnend, verbindend und inspirierend oder anregend auf die Mitmenschen.

Das bewusste Denken aber und die zurückgehaltene Rede fördern in ihrer Disziplin die Formkräfte des Ätherleibes und bewirken in ihrer weisen Aussteuerung eine natürliche Förderleistung des Leib-Seele-Verhältnisses. In diesem Sinne kann das Sprichwort »Schweigen ist Gold« ein höheres Verständnis gewinnen. Das Schweigen ist aber ein bewusster seelischer und aktiver Denkprozess, der früher oder später auch in eine weitere Kommunikation fortgeführt werden muss. Das Kommunizieren mit anderen Menschen führt schließlich die Formkräfte des Denkens an die richtige Stelle und ordnet in der weiteren Folge des Denkens den Astralleib, sodass der obere Mensch mit dem unteren harmonisch zusammenwirken kann. Das Nerven-Sinnes-System kann die Stoffwechsellage auf angenehme und gesunde Weise durchdringen. Die richtige Sprache führt deshalb zu Freiheit und Gesundheit.

Die Anwendung des Schulungsweges als Voraussetzung für eine erbauende Kommunikationsfähigkeit

Arco, 26.5.2007

Kommunikation führt das Abstrakte des Gedankens in die praktische Welt der menschlichen Sphäre herab.

Wenn wir den Schulungsweg anwenden, dann muss es in einer gewissen Zeit möglich sein, über die normalen Schranken des gewöhnlichen Abhängigseins hinauszukommen. Es muss die Auflösung aller Bindungen möglich sein. Wenn wir ein halbes Jahr diesen Schulungsweg gut begehen, dann kann es nicht mehr vorstellbar sein, dass wir in irgendwelche Abhängigkeiten zurückfallen. Es ist leicht, ein subjektives Verständnis innerhalb des Schulungsweges zu gewinnen, aber schwer ist es, tatsächlich ein objektives Verständnis zu entwickeln. Der Schulungsweg, so wie er gemeint ist, sollte auch tatsächlich nach diesen Kriterien, die angegeben sind, ausgearbeitet sein.

Die Kommunikation, die sich naturgemäß entwickelt, so hatte ich das heute Vormittag angeführt, ist in der Regel lebendig in die Welt oder zu den Mitmenschen hineingerichtet. Deshalb ist es auch möglich, wenn wir den Schulungsweg als Grundlage nehmen, dass wir von einer methodischen Richtung der Kommunikation sprechen können. Der spirituelle Weg liegt also der methodisch gewählten Kommunikation zugrunde. Unterlassen wir den Schulungsweg und lernen nur die Kommunikation nach methodischen Voraussetzungen, so werden wir mit Sicherheit in einseitige Beziehungsverhältnisse geraten.

Nun ist es einmal günstig, wenn wir einige wenige Gedanken zur Kommunikationsentwicklung bearbeiten. Die erste Ausrichtung kann einmal mit dem Begriff der Sympathie des Astralleibes beschrieben werden. Heute Vormittag hatte ich darauf hingewiesen, dass es häufig so ist, dass der einzelne Bürger in dem ganzen Eingebundensein seines alltäglichen Daseins die verschiedensten Ungerechtigkeiten, Angriffe oder Schwierigkeiten aufgeladen bekommt. Wenn ein Mensch ständig von Schwierigkeiten heimgesucht wird, so wird es ihm schwer gelingen, auf natürliche Weise dennoch sympathisch und frei auf die Mitmenschen in der Kommunikation zuzugehen. Normalerweise ist das Leben ein einziger Strudel und wir sind innerhalb dieses Strudels irgendein Partikel, der mitgerissen wird. Die Art der Schulung sollte aber klare Gedanken von wohlüberlegten Vorstellungen individualisieren und diese in das Leben hereinführen, die Seelenkräfte einzeln für sich stellen, und sie sollte vor allem dazu führen, dass der Mensch nicht nach den Bestimmtheiten eines Kollektives oder nach dem Willen anderer oder nach allgemeinen Emotionen, die gerade gegenwärtig sind, handeln muss.

Wenn uns heute eine fürchterliche Ungerechtigkeit widerfährt, sind wir in der Regel im Inneren verletzt. Indem wir uns verletzt fühlen, reagieren wir meistens verletzlich nach außen und geben in der Folge wieder antipathische oder ungünstige klagende Stimmen weiter. Gerade aber in der Kommunikation sollten wir darauf achten, dass wir grundsätzlich nur sympathisch nach außen reagieren. Wir sollten nicht die Antipathie oder die Belastung, die uns widerfahren ist, sogleich zu anderen weitergeben. Dieser Schritt, dass wir nicht dasjenige, das uns gerade heimgesucht hat, weitergeben, sondern dass wir frei auf andere zugehen können, stellt eine hohe Anforderung an den Menschen, an das Selbst, an seine Fähigkeit zur Unabhängigkeit. Diese Unabhängigkeit wird sicher nicht innerhalb ganz kurzer Zeit entwickelt sein, sie kann aber durch eine gute ordentliche Bemühung entwickelt werden. Um eine Sympathie müssen wir uns bemühen sowie zu einem guten Handeln nach außen, das ordentlichen Werten unterliegt.

Was heißt es, eine Sympathie nach außen zu richten? Wir wollen einmal diese Sympathie des Astralleibes näher betrachten. Wie könnte es aussehen, dass das innere Gefühl und das äußere Gefühl oder die äußere Wortwahl eine authentische Einheit bilden und gleichzeitig die Art der Begegnung erbauend ist? Welche Voraussetzungen benötigen wir, damit das an das Wort folgende Handeln ein fortschrittliches, ein angenehmeres, lebendiges, stärkendes Handeln darstellt? Welche Voraussetzungen sind notwendig? Was benötigen wir für diese Fähigkeit zur Kommunikation?

Es ist außerordentlich schwer, eine moralisch progressive, heitere, eine moralisch steigende Entwicklung in der Kommunikation zu haben, wenn wir nicht gut in einer inneren klaren Aufgabenrichtung, einer Standortfähigkeit oder klaren Ausrichtung des spirituellen Weges gegründet sind. Für die Kommunikationsfähigkeit im Sinne einer wirklichen Sympathie bedarf es des guten Wollens nach Wahrheit und es bedarf des guten Gegründetseins in Wahrheit. Jetzt könntet ihr aber zu Recht einwenden: »Sind wir von diesem Ideal des Gegründetseins in Wahrheit nicht noch etwas weit weg?« So weit sind wir nicht unbedingt von dieser Tatsache der Wahrheit entfernt, wenn wir uns vergegenwärtigen, dass jede wirkliche, ehrliche und sinnvolle Bemühung um geistigen Fortschritt bereits eine Art Vorgegründetsein in der Wahrheit darstellt. Die geistigen Hierarchien lauschen und liebäugeln bereits zu all jenen, die einen guten Willen haben, damit sie ihnen mit ihrer Hilfe entgegeneilen.

Ich muss jedoch dazusagen: Die Voraussetzung für die Kommunikation ist, dass wir dieses Verständnis des Schulungsweges zugrunde legen müssen. Wir dürfen nicht ein mystisches Verständnis, nicht irgendein esoterisches Verständnis, das heute vielleicht modern ist, zugrunde legen, sondern wir müssen dieses Verständnis einer Synthese von Geist und Welt zugrunde legen. Dieses Verständnis wird das Gleiche sein, das Rudolf Steiner beschrieben hat. Es wird auch das Gleiche sein, welches Sri Aurobindo, nur in vollkommen anderen Worten beschrieben hat, und es wird das Gleiche sein, das Sai Baba beschreibt, aber er beschreibt es auch in anderen Worten. Wir müssen jedoch ein Verständnis, das aus einer Synthese der verschiedenen Ebenen entspringt, zugrunde legen. Die Synthese als Ideal ist nicht leicht, sie ist der Grundbaustein für die Kommunikation. Deshalb ist eine methodische Entwicklung der Kommunikation kein Problem, wenn diese Art Schulung zugrunde gelegt ist. Es ist jedenfalls ein gewaltiger Unterschied, ob wir den Schulungsweg objektiv gehen und unsere Kommunikationsfähigkeit entwickeln oder ob wir im Gegensatz dazu den Schulungsweg nicht objektiv gehen und versuchen, eine in dieser Art bestehende Dialog- und Konversationsfähigkeit zu entwickeln.

Für die methodische Entwicklung der Kommunikationsfähigkeit oder zur Entwicklung eines sympathischen Bewusstseins ist es also entscheidend wichtig, dass wir in den Begriffen oder in der Art, wie wir uns vorwärts bewegen, die gleichen Ziele anstreben. Es ist bei der mystischen Orientierung beispielsweise nicht das Ziel, demjenigen soviel Bedeutung beizumessen, das durch Worte oder durch Gedanken nach außen abgegeben wird. Meist ist bei der mystischen Orientierung die innere gewonnene Erfahrung von größerer Wichtigkeit. Bei dem »spirituell-mentalen« Weg aber wird ganz besonders Wert darauf gelegt, was der Mensch nach außen hin erzeugt, was er tut, wie er etwas tut, welche Wesen er nach außen determiniert oder erschafft. Mit den Worten oder auch mit seinem stillen Dabei-Sein erzeugt er die astrale Sphäre.

Stellen wir uns das einmal vor: Ich bitte jemand von Euch, einmal über irgendeine kleine nette Angelegenheit zu referieren. Wenn diese Person uns nun verschiedene Gedanken referiert, dann wird damit ein bestimmtes Wesen im Raume erzeugt. Dieses Wesen, das erzeugt wird, bildet für kurze Zeit eine bleibende Manifestation. Stellen wir uns das ganz lebendig vor, wir sprechen und wir erzeugen etwas nach außen. Jeder, der spricht, erzeugt bestimmte Wesen oder bestimmte Gebilde. Wenn jemand jetzt sehr weiche, anschauliche Verhältnisse anspricht, sie beschreibt, dann wird ein anderes Wesen erzeugt, als wenn jemand sehr forsch und klar Punkt für Punkt eine Sache schildert.

Die Tatsache, dass man daran glaubt, dass all das, was man ausspricht, eine Manifestation gebiert, ist sehr wichtig, denn diese Tatsache ist für die geistige Welt ebenfalls unumgänglich. Wenn wir nicht daran glauben, dass wir mit unserer Sprache Wesen erzeugen und dies nicht wichtig nehmen, sondern nur die inneren Gefühle wichtig nehmen, die wir selbst haben, dann nehmen wir eine ganz andere Orientierung ein, die wir hier für diesen Kurs beziehungsweise für das gesamte Ausgerichtetsein nicht gebrauchen können. Es ist außerordentlich wichtig, dass wir uns in der Kommunikation tatsächlich immer wieder deutlich machen, dass wir bestimmte Verhältnisse schaffen und diese bilden zunächst eine seelische oder geistige Manifestation.

Nun sind wir natürlich bemüht, wenn wir unseren Mund öffnen, dass wir auch etwas Vernünftiges schaffen. Schweigen wir aus falscher Zurückhaltung, begeben wir uns nicht in die Kommunikation, heißt dies noch nicht, dass uns nicht dennoch gewisse Wesen begleiten und diese ebenfalls etwas erschaffen. Ich glaube, jeder ist über die Begriffe der verbalen und nonverbalen Kommunikation aufgeklärt. Selbst wenn wir schweigen, dann kann unter Umständen auch ein Wesen geschaffen werden.

Wenn ich heute auf jemanden ärgerlich bin und denjenigen anspreche und ihm, sagen wir, 15 Minuten lang Kritik entgegenhalte und er wird dann mit Trotz und Rückzug antworten, indem er die Antwort verweigert, dann wird mit der Wortverweigerung ebenfalls ein Wesen erzeugt. Es kann sein, dass das Verschweigen, das bewusste Nicht-reden-Wollen, der Ausdruck einer sehr untergründigen, emotionalen Gegenreaktion ist. Jedenfalls hoffe ich, es ist für alle nachvollziehbar, dass wir in der Regel mit Worten, unter Umständen aber auch ohne Worte, in Beziehung stehen und dass wir in diesem Beziehungsfeld beständig eine Sphäre erschaffen, respektive ständig eine astrale Wesenheit manifestieren, diese Wesen determinieren und weiterleiten. Wenn dies als Wahrheit angenommen wird, dann bemerken wir leichter den geheimen, aber wahren Umstand, dass all dasjenige, was wir nach außen geben, was wir von uns abstrahlen, das Bedeutungsvolle in unserem Leben ist.

Wir kommen weiterhin zu der Erkenntnis, dass es nicht immer so bedeutungsvoll ist, welche besonderen Erfahrungen und eigenartigen guten oder schlechten Gefühle wir bei uns selbst zur Verfügung haben. All dasjenige, was der Mensch in einem Leben nach außen abgeben kann, das wird viel bedeutungsvoller sein, als die Gefühle, die er bei sich selbst geerntet hat. Deshalb ist es so wichtig, dass wir an diese schöpferische Seite glauben, dass das, was wir durch unsere Art zu kommunizieren schaffen, eine besondere Aufmerksamkeit verdient. Wir lernen, so nach außen zu wirken, dass gute Kräfte, Fähigkeiten, Umstände, Stimmungen, Gefühle oder Gedanken erzeugt werden. Auf diese Tatsache müssen wir am meisten Wert legen, denn wenn wir uns diese Tatsache einprägen, dann wird es uns deutlich, dass wir Sympathie nach außen richten müssen, dass es nicht möglich ist, Antipathie nach außen zu richten. Die Auseinandersetzung ist deshalb sehr deutlich. All das, was wir sagen, all das, was wir nach außen mitteilen, verbal oder nonverbal, all das, was wir aus unserem Bewusstsein und sogar Unterbewusstsein ausströmen, das müssen wir unter klare Gedanken, klare Richtungen und Ideale bringen. Ein Zurückziehen auf ein Schweigen kann nur kurze Zeiten eingeräumt werden. Ich hoffe, dass es mit dieser Ausführung verständlich geworden ist, dass die Kommunikation deshalb ein entscheidendster Lernschritt für alle Lebenssituationen ist. Kommunikation führt das Abstrakte des Gedankens in die praktische Welt der menschlichen Sphäre herab.

Die bewusste Innerlichkeit im Dialog

Arco, 28.5.2007

Ich möchte die Gedanken der letzten Tage zusammenfassen und sie in die Präsenz des Themas mit der Kommunikation rücken. Aus den Beobachtungen, Eindrücken und Erfahrungen, die hier stattfinden, können die unterschiedlichsten Lernschritte entstehen. Das allernegativste, gräulichste, abschreckendste Beispiel kann letzten Endes nur dazu dienen, dass es zu einem positiven Aufschwingen der eigenen persönlichen moralischen Zielorientierung führt. Es wäre tatsächlich etwas sehr Verhängnisvolles, wenn jemand negative Ereignisse wahrnimmt und sich mit seiner eigenen Schwäche daran verlieren würde.

Der Weg in der Kommunikation beginnt immer von dem, dass wir aus einem niedrigeren Niveau ein höheres kreieren. Es könnte genauso gut gesagt werden, aus einer gespaltenen, entzweiten Situation soll wieder eine klarere, verbundenere Begegnung resultieren. Nicht in negativen Stimmungen, Launen und üblen nachtragenden Gefühlen wollen wir stehenbleiben, sondern in einem sympathischeren, hoffnungsvolleren Schimmer des Miteinander-Zusammentretens. Es wäre wünschenswert, dass alle Begegnungen, die stattfinden, nicht im Streit enden, nicht in Konflikten sich nachwirkend fortsetzen, sondern dass sie sich in einem positiven Licht des freien und lebendigen Miteinanders fortsetzen können.

Obwohl diese Forderung, dass nicht der Streit, der Konflikt, die Angst oder die Bedrängnis bleiben, sondern ein wirkliches wahres menschliches Niveau fast nicht in großer Breite denkbar ist, ist es doch für alle Menschen möglich, dass sie eine Schöpferkraft umsetzen, die zunehmend in diese Art des Ausstrahlens einer Verbindung und einer Ehrfurcht vor der freien Persönlichkeit führt. Es ist also möglich, dass die anwesenden Personen ihre ganze Kommunikationsfähigkeit und ihre Begegnungsfähigkeit auf die sogenannte Sympathie des Astralleibes anheben. Der Astralleib von allen soll sympathisch ausstrahlen, er soll kraftvoll ausstrahlen. Gewissermaßen wäre es auch wünschenswert, wenn dieser Astralleib, der seinen Sitz mit seiner Fülle hauptsächlich im dritten Energiezentrum nimmt, wie in einer großen Spannkraft sympathisch nach außen gleitet.

Es ist wie das Bild in der Vorbereitung zur Kopf-Knie-Stellung, in der die Arme weit nach vorne ausholen und die Bewegungen bereits nach außen das verbindende Dreieck andeuten. Die Stellung ist ein sehr lebendiger und schöner Ausdruck für diese substantielle und positive oder gute Seite des Astralleibes. Diese gute Seite des Astralleibes sollte tatsächlich immer mehr entwickelt werden.

Der Begriff »Die Sympathie des Astralleibes« und die »gute Seite des Astralleibes« sind etwas voneinander verschieden. Die Sympathie des Astralleibes ist bereits in der Gesamtart der menschlichen Bewegungsfähigkeit, der gesprochenen Worte, der empfindsamen Gesten und geordneten Gefühle nach außen sichtbar. Die gute Seite des Astralleibes bildet die Tragfähigkeit des Ich, die substantielle Unterlage, auf der sich das Ich erbauen kann. Diese gute Seite des Astralleibes entwickelt sich durch einen ordentlichen Schulungsweg und vor allen Dingen durch ein wachsendes, gesundes Selbstbewusstsein des Menschen. Dieses gesünder werdende Selbstbewusstsein des Menschen ist in unserer heutigen Zeit wohl am allerschwersten zu entwickeln.

Das Selbstbewusstsein ist ein sehr feines und doch scharfes zweischneidiges Schwert, es kann sehr schnell auf die eine Seite abgleiten und eine Verbindung mit dunklen Mächten eingehen und es kann sich auf der anderen Seite auch in Utopien oder in Weltentfremdungen verlieren. Die Mitte dieses Selbstbewusstseins oder die Mitte eines wirklich gesunden, inneren Ehrgefühls ist beständig durch wachsende und erkraftende Aktivierung der Seelenkräfte zu entwickeln. Es ist notwendig, dass der Einzelne auf seinem Übungspfad tatsächlich die Seele entwickelt. Ein Abwarten bis ihm äußere Hilfen zur Entwicklung der Seele hinzueilen, ist nicht immer ratsam. Die Seele selbst muss durch eigene Entscheidungen, durch eigene Aktivierung in die Entwicklung geführt werden. Diese Aktivitätsschritte sind heute für den Menschen von außergewöhnlicher Wichtigkeit. Es bedarf durchaus einer guten Ausrichtung und einer sinnvollen Schulungsordnung, damit diese gesunde Aktivierung der Seelenkräfte möglich ist.

Ein Blick zurück auf die letzten Tage kann wohl sehr eindrücklich schildern, wie diese Begegnung hier in ein Chaos geführt werden kann und wie es des Weiteren tatsächlich möglich ist, alles an positiver Substanz zuerst einmal im infantilen Trotz zu beschweren oder in ein Darniederliegen zu führen. Der Blick zurück ist durchaus beladen mit dem Eindruck, dass es in jeder Weise erst einmal auf der äußeren Ebene gelungen ist, ein Seminar zu stören, zu boykottieren und Substanz aus einem Seminar und aus der Arbeit, wie sie von mir aufgebaut wird, zu nehmen.

Gerade dieses nehmende Prinzip, das sich von einem Menschen zum anderen oder von einer kleinen Menschengruppe zu einer anderen Gruppe ausdrückt, ist so bezeichnend für die schlechte Substanz des Astralleibes, für die schlechte Seite des Astralleibes. Es ist damit auch bezeichnend für eine nicht tragfähige Grundlage des Ich. Diese schlechte Substanz des Astralleibes entsteht dann, wenn ausreichende Missverständnisse in der Seele eingetreten sind und des Weiteren, wenn die verschiedenen Pflichten über längere Zeit unterlassen worden sind.

Den karmischen Hintergrund konnten wir bereits diese Tage vernehmen. Es wurde zum karmischen Hintergrund angeführt, dass eine Art katholisches Erbe in diesen eigenartigen Verhaltensweisen sichtbar ist und diese Verhaltensweisen auch geradezu in den karmischen Urgrund zurückführen, sodass dasjenige, was man an katholischem Streben in der Welt findet, ganz besonders die Christianisierungen und propagandistischen Bewegungen in der ganzen Kirchenpolitik ihren großen Aufschwung finden. Es wurde angeführt, dass diese Verfehlungen auf dem Schulungsweg geradewegs in die Astralwelt hineingehen und von der Astralwelt wieder zurückwirken, sodass die Bewegung einer Kirchenpolitik in übermächtigen Wogen in der Welt stattfindet. Die Kirche ist aber eine Institution, die keinen Geist mehr in sich trägt und auch keinen Geist in sich aufnehmen kann, denn die Kirche ist für die geistige Sichtweise nur ein Überbleibsel einer Bewegung, die es einmal gegeben hat, die aber in sich nur noch bindende Substanz äußern kann, sie kann nicht zu Versöhnungen und zu einer deutlichen Kraft von Aufstiegen in der Welt beitragen. Selbst wenn es einige nette Dienstleistungen in den verschiedenen Teilen der Kirche gibt, so kann dennoch die wirkliche religiöse Erkraftung oder die Erkenntnisbildung zu einem Christusgeist nicht direkt durch sie stattfinden. Dieser karmische Zusammenhang wurde in einigen Zügen dargestellt, wie er von dieser Bewegung zur katholischen Kirche vorhanden ist.

Erwähnenswert ist für die Betrachtung der Kommunikation, dass es eine sympathische und eine antipathische Kommunikation gibt. Die sympathische Kommunikation erbaut, wie das gestern angesprochen worden ist, das innere Revitalisierungssystem, das System der Immunabwehrkraft und allgemein der Regenerationsfähigkeit. Je besser ein Mensch nach außen sympathisch wirken kann, je mehr er die Kommunikation führen kann im Sinne eines moralischen Verbesserns, eines Aufsteigens, eines günstigeren Verbindens zu seinen Mitmenschen, desto günstiger wird auch sein inneres Ausgerichtetsein im Sinne des Koordinierens des vegetativen Systems, und damit wird sein regeneratives Potential wachsen. Wenn der Astralleib nicht weit werden kann, sich nicht sympathisch zu den Mitmenschen hinbewegt, sondern wenn er vielfach antipathische Neigungen besitzt, dann ist im Gegensatz dazu auch die Regenerationsfähigkeit eingeschränkt. Derjenige, der antipathisch ist, kann eventuell nur durch Kompensationen bei sich regenerieren, aber er kann nicht wirklich regenerieren, er kann nicht wirklich im Sinne eines günstigeren, besseren Niveaus innerhalb seiner Körperlichkeit heil werden.

Die Sympathie und die Antipathie des Astralleibes sind Begriffe, die wir ganz besonders dorthin anwenden müssen, wenn wir die Aufmerksamkeit auf die inneren Gefühle richten, die in einer Kommunikation tätig sind. In jeder Kommunikation ist neben dem äußeren Rahmen auch ein inneres Gefühl wirksam. Dieses innere Gefühl ist ausschlaggebend für die gesamte Art der nachfolgenden Bewegung. Die äußere Kommunikation kann einmal ernsterer oder heiterer Art, beschwerterer oder gelösterer Art sein, sie kann einmal etwas unvollkommener, das andere Mal etwas vollkommener sein, sie kann einmal in dieser Sprache, das nächste Mal wieder in einer anderen Sprache gehalten werden. Der äußere Rahmen der Kommunikation ist nicht immer ganz unwichtig, denn er verdient das Merkmal eines kultivierten Verhaltens, dennoch ist aber vor allem ausschlaggebend, wie diese äußeren Worte und äußeren Bewegungen der Sprache mit einem inneren Gefühl erfüllt sind. So finden wir in der äußeren Sprache die Kultivierung des physischen Leibes, in der inneren Moralität und Absicht der Sprache finden wir die sympathische Bewegung, das Maß der Sympathie des Astralleibes.

Die beiden weiter hinzugefügten Begriffe, der »gute Teil des Astralleibes« und der »schlechte Teil des Astralleibes«, beziehen sich vor allem auf die innere Substanz, die angelegt ist. Diese tragfähige Substanz, die das Ich erst in die richtige Bewegung führen kann, wird ganz besonders dann herabgeschwächt, wenn der Mensch vielfach jene Lehren befolgt, die den Geist nicht in die Mitte rücken, die den Geist mit seinem freien Gedankenleben nicht wirklich erlauben, die dem Menschen den Geist absprechen.

Der Geist ist sein Ich oder ist umschrieben, genauer ausgedrückt die Fähigkeit, den Gedanken als Gedanken selbst zu erkennen. Diese Fähigkeit, den Gedanken als Gedankenwesenheit, als eigene Existenzfähigkeit zu erkennen, ist dem Ich zugeordnet.

Es ist eine ganz wichtige Voraussetzung für denjenigen, der eine geistige Schulung für sich wählt, dass er eine Lehre nimmt, bei der das Ich integriert wird, er darf nicht eine Lehre wählen, bei der dieses Ich eliminiert werden soll. Das Ich muss in den Menschen hereingenommen werden, das Ich darf nicht aus dem Menschen ausgesondert werden, damit darf auch nicht der Gedanke als eigene Wesenheit in einen Kosmos oder in eine andere Welt zurückgedrängt werden, sondern der Gedanke muss hereingenommen werden, der Gedanke muss eine Integration in dem gesamten Entwicklungsweg des Menschen finden. Würden wir den Gedanken, wie es häufig in östlichen Meditationen der Fall ist, als einen Unruhefaktor ablehnen, so wäre die Gefahr gegeben, dass sich dieses Ich nicht richtig in eine Gesamtheit integrieren kann.

Dieses Zurückweisen des Gedankens ist nicht grundsätzlich bei Meditationen der Fall, die östlichen Charakters sind, denn es wird ein Gedanke über das Selbst, über den *ātman* oder über *brahman* hereingenommen. Häufig aber ist keine Vorstellung gegeben, dass der Gedanke die wahre Transzendenz des Menschen darstellt und ihm den Aufenthaltsort für alles schöpferische Bewusstsein gibt. Jene Menschen, die deshalb keine klare Vorstellung über das Ich und über das Verhältnis des Ich zum Gedanken entwickeln, folgen meistens jener Gefahr, dass sie zu einem sogenannten Gedankenstillstand, zu einer inneren Leere kommen wollen und dann aus dieser Leere heraus die Spiritualität erfahren wollen.

In dieser Art Meditationsrichtung oder Gesamtausrichtung der Spiritualität wird nicht der Gedanke zurückgewiesen, sondern der Gedanke zunehmend in seiner ureigenen schöpferischen Existenzwirklichkeit erfahren. Ein Ruhig-Werden der Gedanken, ein Konzentrieren und Absondern von unwichtigen Gedanken gehört auf diesem Weg jedenfalls schon deutlich hinzu, aber es wird der Gedanke in das Leben hereingenommen und der Gedanke soll in seiner Seinsexistenz den Menschen erfüllen.

In der katholischen Lehre beispielsweise ist diese Entwicklung verpönt. Diese Entwicklung, die schließlich in ihren Gipfel, in die Erkenntnis einmündet, ist gewissermaßen nicht erlaubt. Es ist verständlich, dass ein Kirchensystem nicht funktionieren kann, wenn der Nach-Glauben-Strebende dieses Geheimnis des Gedankens entdeckt, denn er gründet sich dann in seinem christlichen, geistigen Teil, in seinem Inneren und braucht nicht mehr eine Abhängigkeit zu einer Institution oder zu so sehr als wichtig erachteten Sakramenten oder Kongregationen.

Wenn das Verhältnis richtig erkannt wird, wie dieser Gedanke die innerste Schöpferkraft am Uranfang selbst ist, dann wird sich der Mensch bei sich selbst gründen, er wird aus sich selbst, aus seinem eigenen Aktiv-Werden den Glaubensweg begehen. Er braucht nicht ein Abhängigkeitsverhältnis zu einem Meister, zu einer Kirche, zu einer Institution oder zu einer Wortformel beginnen. Er kann erstmals in diesem Urgrund sich selbst als Ich und Individuum erleben und kann somit den Weg des Glaubens in sympathischer Weise allumfassend leben.

Der sogenannte »gute Teil des Astralleibes« gründet sich darauf, dass der Einzelne tatsächlich die Substanz besitzt, sich nicht von negativen, kollektiven Vereinnahmungen leiten zu lassen, sondern dass er sich durch die Kraft seiner eigenen Anschauungsfähigkeit, durch die Beurteilungsfähigkeit seiner Sinne und seiner Gedanken schließlich durch die Einstimmungen und Wahrnehmungskapazität seiner Gefühle und durch die Wollensnatur seiner Ziele und Wünsche führen kann. Diese Natur der Freiheit beginnt im Allerinnersten. Das Wesen, das dieses trägt, ist der gute Teil des Astralleibes. Um diesen guten Teil des Astralleibes muss der Mensch tatsächlich besorgt sein. Derjenige, der den geistigen Schulungsweg begeht, muss diesen guten Teil des Astralleibes umsorgen und behüten.

Wenn einmal der tragische Fall eintritt und dieser schlechte Teil des Astralleibes überwiegt und die Substanzkräfte fehlen, das Ich nicht mehr in der getragenen Dimension, in der freien transzendenten Dimension erstrahlen kann, dann entsteht jenes Phänomen, dass der Mensch in seinem Astralleib nur noch negativ ausstrahlt, dass er in seinem Astralleib antipathisch wird. Dieses Antipathisch-Werden des Astralleibes zeigt sich in ganz besonderen vielfältigen Prozessen, indem beispielsweise der Einzelne auf seine Mitmenschen zugeht und gewissermaßen von den Mitmenschen Kraft nehmen muss, Kraft für sich selbst beanspruchen muss. Das Begegnungsverhältnis ist deshalb nicht mehr ein geführtes, lebendiges, gestaltendes, ein schöpferisches, sondern es ist ein saugendes, nehmendes, ein heimlich für sich beanspruchendes. Dieses für sich gewinnende Verhältnis mit dem tatsächlich kraftzehrenden Charakter ist gewissermaßen ein Versuch, wie der Einzelne sein Energiepensum im Astralleib aufbauen möchte, wie er das verlorene oder nicht entwickelte Gut wieder zurückgewinnen möchte. Meist ist gerade dieser Menschentypus, der von dem anderen Kraft nehmen muss, der auf Hilfe angewiesen ist, in seiner Gesamtentwicklung wie determiniert und verfällt immerfort den verschiedensten Einflüssen der Außenwelt.

Es ist beispielsweise so, dass jene Menschen, die zu wenig Kraft in dieser Substanz des Astralleibes haben, auch sogleich von einer Kollektivvereinnahmung aufgesogen werden. Es ist für diese Entwicklung noch nicht möglich oder auch nicht mehr möglich, je nachdem wie das Verhältnis gelagert ist, dass der Astralleib frei umgewandelt werden kann und in Sympathie übertritt. Sobald negative Wirkungen auf den Menschen einströmen, gibt er auch Negatives weiter. Er kann nicht jene Verwandlung herbeileiten, die notwendig wäre, dass er das Negative wieder in eine Geste der Sympathie überführt, er kann die Anti-Liebe nicht in eine Geste der wirklichen erbauenden Liebe, Fürsorge oder des Mitgefühls überführen. Gewissermaßen fühlt sich der Mensch von allerlei Wesen heimgesucht. Er ist nichts anderes wie eine Art fremdgesteuerter Bürger, eine Kreatur, die noch nicht die eigentliche Mitte gefunden hat.

So ist es in der geistigen Schulung ein wichtiges Anliegen, dass Lehren, die dieses Ich aufgenommen haben, verfolgt werden und es ist entscheidend für die gesamte Entwicklung, dass diese Ausrichtung immer wieder auf neue Weise den Mut fasst, in eine Kommunikation zu treten, die ausreichend versöhnlich, konstruktiv und allgemein erbauend wirkt.

Von diesem Gedanken ausgehend, ist es einmal sinnvoll, auf ganz praktische Weise auf einen ganz wichtigen Zusammenhang hinzuweisen. Da die Kommunikation in der Regel durch automatisierte Gefühlsverhältnisse oder durch kollektive Wesensmächte getrieben ist, ist es notwendig, dass sich der Einzelne einer inniglichen Minute oder Sekunde hingibt und eine klare Besinnungs- oder Bewusstseinspause einräumt. Es ist notwendig, dasjenige im Bewusstsein zurückzuweisen, das mehr oder weniger vereinnahmenden oder emotional ergreifenden Charakter hat und schließlich dasjenige hervorzubringen, das zu einem günstigeren verbindenderen Verhältnis gehört. Nicht fortsetzen soll der Einzelne die Kommunikation, wie sie emotional gegeben ist, nicht einsteigen soll derjenige, der sich um einen moralischen Aufstieg bemüht, auf die Wortformeln, die gerade geprägt sind, sondern er sollte durch seine eigene klare Vorstellung, durch seine eigene Bewusstheit das Wort in die gewünschte Richtung führen. Diesen wesentlichen Moment, den wollen wir methodisch einmal erfassen. Diesen Moment des bewussten Einhaltens einer Pause, den wollen wir ganz gezielt betrachten.

Wenn ich beispielsweise heute jemand anspreche: »Egon, wie geht es dir heute? Mittelmäßig. Ja, das waren schon fürchterliche Tage, das ist doch katastrophal, da stimmst Du mir auch zu. Da sind wir schon einer Meinung? Ja.« Wenn ich mit diesen oder ähnlichen Worten einige Zeit auf jemanden einrede, kann ich diese Person ganz gut mit meinen Worten gefangen nehmen. Was ist deshalb die verborgene Absicht? Die Absicht ist, dass ich jemanden für meine persönlichen Gefühle gewinne. Aber mich so einzubringen, dass ich jemanden gewinne, ist eigentlich für die geistige Welt absurd und entfacht den Zorn der geistigen, gebundenen Hierarchien, die Unfälle im irdischen Leben folgen lassen. Es ist etwas Unglückliches für die geistige Welt, zum anderen zu sprechen und ihn für persönliche Gefühle zu gewinnen, denn das kann man im Menschlichen bis zur Manipulation treiben. Es ist die Kommunikation der Vereinnahmung in der Welt üblich, aber sie ist in der geistigen Welt der Beginn des Unfalles, des Leides, denn sie gibt es in der geistigen Welt nicht. Der Erfolg, dass einer den anderen für eine emotionale Sache gewinnt, ist lediglich eine irdische Erscheinung. Deshalb ist es auch günstig, wenn wir uns in der irdischen Welt klarmachen, dass es keine emotionale Vereinnahmung gibt, dass ich dem Egon etwas geben kann, aber nicht, dass ich ihn nehme, ihn zu mir im wahrsten Sinne herbeiziehe und dass wir uns dann etwas in einem vermeintlichen Miteinander, in einem eigenartigen illusionären Miteinander gestärkter fühlen. Also muss ich ganz anders sprechen: »Egon, wie hast du das Seminar gestern, vorgestern und die ganzen Tage empfunden? Wie sind diese Boykottierungen, die hier ständig stattfinden, für dich angekommen? Hast du die emotionalen Attacken gut überstanden?« Diesen Satz würde ich vielleicht aus Besorgnis sprechen: »Hast du es hoffentlich ohne Schaden überstanden?« Jetzt könnte Egon als Antwort sagen: »Ich bin Geistschüler oder ich interessiere mich für diesen Weg und für mich war es lehrreich und dadurch ist für mich klar, auch Schwierigkeiten werde ich durchstehen.«

Es könnte dieser Dialog erfolgen. Natürlich ist der freie Dialog gewagt. Um die Ziele und die Freiheit gegenseitig zu wahren, muss aber wieder – das wollen wir beachten – kurz ein Moment der Pause erfolgen, ein Moment für die Überlegung: Was kann ich sagen, was will ich sagen, ist es notwendig, etwas zu sagen? Wenn heute jemand zu einem anderen spricht und dieser dann wie automatisiert, wie reaktiv in das Wort einspringt oder einsteigt, dann ist noch nicht der wahre Raum für eine wirkliche Aussage gegeben und auch noch nicht für eine Vorstellungstätigkeit. Die Vorstellungen schnell zu tätigen, ist natürlich ein Kunststück, aber wenn es uns heute nicht schnell gelingt, dann können wir uns das nächste Mal vorbereiten und können überlegen: Welche Fragen werden kommen, welche Sphäre wird uns erwarten, wie ist eventuell darauf zu reagieren? Wir können uns auch schon vorbereitend Vorstellungen bilden.

Nehmen wir an, ein Lehrer betreut eine Schulklasse oder Personen, die lernender Art sind, dann kann er sich vorbereiten, welche Fragen, welche Schwierigkeiten und Gefühlsabschweifungen zu erwarten sind und spezifische Gedanken der Vorbereitung treffen. Damit ist er auf ein Thema gedanklich ausgerichtet. Diesen Augenblick jedenfalls, bei dem der Schüler nicht sofort unmittelbar in die Verwicklung geht, sondern sich erst einmal bewusst wird, der führt dazu, dass das frei gewordene Ich auf das andere wirken kann.

Diesen Augenblick müssen wir immer wieder beachten, gerade auch im allernächsten Beziehungsfeld, denn dort, wo die Gewohnheit waltet, gibt es meistens sogenannte Schlagbegriffe, Schlagworte, belegte, besetzte Begriffe, die mit einer gezielten Emotion wirken. Nun erfolgt das Gegenübertreten. Wir bemerken den Begriff, wir fühlen eine Rückwirkung, was können wir tun? Wir können zuerst einmal einen kurzen Moment innehalten und nicht auf das sich schon verquickende Wollen einsteigen, sodass wir einen Gedanken in der Klarheit hereinbringen.

Die rhythmische Einheit entwickelt sich durch das frei werdende Ich

Arco, 31.5.2007

Als Anregung für den morgigen Tag lässt sich ein Begriff zu den bisherigen hinzufügen, das ist der Begriff der rhythmischen Einheit. Die rhythmische Einheit bezieht sich im Allgemeinen auf den Astralleib. Bisher hatten wir die Sympathie als Bewegungsaktion des Astralleibes angeführt und wir hatten des Weiteren auch die gute Seite des Astralleibes erwähnt. Wenn als nächster Begriff die »rhythmische Einheit« erwähnt wird, so kann ebenfalls auf die Ausrichtung und Geschlossenheit des Astralleibes hingewiesen werden.

Interessant sind die Beobachtungen, die sicherlich in Italien häufiger zu finden sind als beispielsweise in den nördlicheren Ländern, in den Ländern, die nördlich des Alpenhauptkammes liegen. Es gibt hier in Italien vielfach den Radsport verbreitet und des Weiteren finden sich auch zahlreiche sogenannte Jogger, Dauerläufer, die den Sport des Laufens praktizieren. Bei der Betrachtung dieser Sportarten ist es relativ auffällig, dass sich der italienische Geist sehr intensiv mit dem sichtbaren, mit dem äußeren rhythmischen Element befreundet.

Kürzlich waren erst zwei ältere Herren auf der Straße im Dauerlauf, etwas dicklich und eigentlich von der Gesamterscheinung gar nicht mehr für Sport geeignet. Faszinierend aber war das Bild, dass sie es zuwege brachten, einen Rhythmus aufzubauen, der so wie eine gute Musik zusammenklang. Die Bewegungen des Bauches stimmten sogar noch mit den Bewegungen der Gliedmaßen überein. Man hätte das Gefühl bekommen müssen, dass sie über Jahrzehnte miteinander im Training gestanden wären. Das Bild dieses einfachen rhythmischen Zusammenspiels ist tatsächlich in Italien häufig zu finden, denn in Italien ist es das Licht, das mit einer besonders intensiven hellen oder besser gesagt zentrierten Substanz aufgeladen ist. So finden sich Familien und allerlei unterschiedliche Personen, die sich im Wandern, Bergsteigen, Schwimmen oder durchaus auch in einer anderen Sportart ganz natürlich in das rhythmische Element hineinbewegen.

Auch Musikalisches findet in Italien viel leichter in ein Zusammenschwingen als beispielsweise in den etwas strenger gehaltenen nördlicheren Ländern. Dieses rhythmische Element ist bezeichnend für die Astralsphäre, das heißt, es ist mit der Art des Lichtes besonders nahe verwandt. Der Astralleib und der aufkommende Rhythmus gehören wie zwei wesentliche Geschwisterpaare zusammen. Diese Betrachtung des Rhythmus ist deshalb auch in der Sprache, in der Kommunikation und in der Ausdrucksgebung der Wortwahl zueinander recht wesentlich. Das Sprechen sollte zu einer Geschlossenheit, zu einer Verbindung und schließlich zu einem rhythmischen Aufbau oder Wachstum führen. Diese rhythmische Einheit, die im Sprechen entstehen kann, beginnt allerdings nicht, wie der Einzelne glauben könnte, in der äußersten Bemühung einer subjektiven, im Körper beginnenden Willensanforderung, sondern sie beginnt tatsächlich in der Wahrnehmungsfähigkeit zu einem Gedanken, der zu einer Empfindung hindurch dringt und sich schließlich auch in letzter Konsequenz in einer Handlung ausdrückt. Die Sprache wird rhythmisch, wenn sie in ihrem inhaltlichen Klang frei von Ansprüchen wird. Der Gedanke ist die primäre Instanz für eine Freiheit. Dieser Gedanke, wie dies Sai Baba ausdrückt, führt zu Worten, die Worte führen schließlich zu Handlungen, die Handlungen prägen mit der Zeit die Gewohnheiten, die Gewohnheiten prägen mit der Zeit den Charakter und der Charakter bestimmt schließlich die gesamte Schicksalslinie des Menschen.

Eine rhythmische Einheit im Sprechen lässt sich wie Musik erleben, bei der ein Gedanke zur wachsenden Konkretisierung findet und das Wort sich zunehmend mit der Erdenwelt zusammenfügt. Die Rhythmik, die gewissermaßen vom vagen zum konkreten Sprachfluss führt, ist erheiternd, belebend, kräftigend und in jeder Weise für das sympathische Wahrnehmen, für das achtsame Wahrnehmen von Vorteil. Eine rhythmische Einheit herzustellen, kann gerade im Sprechen eine interessante Herausforderung der Konzentration und Logik bieten. Wie die Sprache entsprechend der rhythmischen Einheit zu entwickeln ist, ist vielleicht etwas schwerer zu finden als auf anderen Gebieten. Es kann aber die Beobachtung von verschiedener Warte begonnen werden. Indem die Beobachtung auf den zusammenschwingenden, sich ergänzenden oder fortlaufenden Rhythmus der Konkretisierung gelenkt wird, entsteht bald ein Gefühl, um was es sich handelt.

Normalerweise sind die wahren Gefühle durch trennende Ängste überschattet, Ängste bewusster oder unbewusster Art, die sich aus einer Enge oder aus einer kleinlichen Anhaftung heraus entwickeln, und das Konkrete eines vernünftigen Gedankens verläuft ohne Schulung der Aufmerksamkeit in ein vages oder nichtiges Sprechen oder in ein zu intensives Definieren und Divergieren. All dasjenige monströse Netzwerk, das sich mit Ängsten über den Menschen verströmt, macht ihn unfrei und lässt schließlich das natürliche Gleiten der Worte, das natürliche In-Beziehung-Treten nicht mehr richtig geschehen. Ab jenem Moment aber, ab dem das Ich frei wird, kann es gestaltend in das Leben eingreifen und schließlich bis hin zu den verschiedensten Handlungen eine Logik fortsetzen. Der Gedanke kann zu dem Wort werden, das Wort kann zu der sinngemäßen Handlung werden, die Handlung kann schließlich zum logisch folgenden moralischen Aufstieg führen.

Die rhythmische Einheit der Kommunikation ist erstens durch einen konkreten, klaren, am besten imaginativ gewählten Gedanken in die erste Form zu führen, die schließlich durch Beziehungsaufnahme und persönlicher Anteilnahme am Gegenüber getragen ist. Sie wirkt in ihrem klaren Weg der Entwicklung stärkend auf das Wesen der Gesundheit. Allgemein kann durch den Rhythmus der Gedanken und Worte das Nervensystem stabilisiert werden. Interessant ist es, hinzu zu erwähnen, wie manche Elemente, die in der Kommunikation nicht beachtet werden oder die vielleicht gar nicht als ursächlicher mitschwingender Faktor bekannt sind, doch zu einem gewissen Grade eine wesentliche Dynamik geben. Es ist einmal ganz interessant, die Aufmerksamkeit wieder auf andere Beispiele zu lenken.

Es kann die Aufmerksamkeit einmal auf die Ordnung eines Gebäudes gelenkt werden oder auch auf die Anlage eines Weges. Die Beobachtung einer Sache ist ein bewusster Sinnesprozess. Interessant ist es, als ein sehr einfaches Beispiel genannt, wie ein Weg in seinen Aufwärtsschwüngen angelegt ist, in seinen Quertraversen, in seinen Abstiegsvariationen und wie dieser zunächst über die Sinne aber schließlich auf den ganzen Menschen wirkt. Der Weg, wie er durch die Landschaft oder durch die Anhöhen hinaufführt, ist manchmal etwas glücklicher im Rhythmus oder auch entsprechend anstrengender oder unglücklicher angelegt.

Es kann nun, und das wurde schon mehrfach in der letzten Zeit beobachtet, zu dem Weg, der im Walde hochführt, eine Begrenzung gesetzt werden. Die Spur, die im Wald ist, tritt sich in der Regel nach den Bedürfnissen der Menschen aus und gewinnt dadurch einen naturgegebenen, vom Menschen erschaffenen Rhythmus. Legt nun aber der Einzelne, und das ist eine Vorstellung, die nicht unwichtig ist, Steine an den Rand des Weges, dass er den Weg, das heißt die Trittspuren des Weges an einer Seite klar begrenzt, dann gewinnt das Bild des Weges eine ganz andere Form. Indem der Einzelne diese Steine zur Begrenzung anlegt, rhythmisiert er auf äußere Weise zusätzlich die Anlage der Spur.

Es könnte nun eventuell für eine physiologische Betrachtung die Einschätzung erfolgen, dass nun derjenige, der auf einem Wege hochsteigt, der durch solche Steine nicht begrenzt ist, den gleichen Krafteinsatz leisten muss als derjenige, der an einem Weg entlang geht, der sorgfältig auf einer Seite mit Steinen begrenzt ist. Rein von wissenschaftlicher Einschätzung würde nun kaum jemand auf die Idee kommen, dass darin ein Unterschied liegt. Es liegt aber tatsächlich ein Unterschied vor. Dort wo die Steine zur Begrenzung des Weges angelegt sind, nehmen die Sinne ständig ein Element wahr, das sich in Schwüngen aufwärts bewegt. Ganz besonders wenn harmonische Schwünge eingearbeitet sind, dann werden sie über den Sinnesprozess bewusst oder unbewusst wahrgenommen. Dieser Wahrnehmungsprozess über die Sinne, der ein Lichtprozess der unbewussten, inneren Herausforderung ist, zentriert den Menschen in seiner Kraft und der Wanderer oder Berggeher steigt nun leichterer Art den Berg empor. Er rhythmisiert sich gewissermaßen.

Das ist eine nicht uninteressante Beobachtung, dass ein äußerliches Detail, das zunächst einmal mit der Physiologie des Menschen, beispielsweise mit seiner Stoffwechselumsetzung, nichts zu tun hat, zu einer energetischen Veränderung führt. Über den Sinnesprozess geschieht jene Aufnahme von einem äußerlichen Eindruck und es wird schließlich über die Sinne diese Wahrnehmung bald tiefer und sie mündet in die Zentrierung der Willensenergie ein, sodass die ganze Stoffwechsel-Willensleistung nun begünstigt wird. Ein äußeres Element kommt zu dem inneren physiologischen Geschehen hinzu und verändert dieses. Die Sinne sind nach der tieferen geistigen Sicht mit einem intensiven Ernährungsvorgang für den physischen Leib und seine Urbildesubstanz verantwortlich.

Eine rhythmische Struktur ist weiterhin in der Architektur ganz wesentlich. Im Erleben von Räumen, im Erleben der Koordination von Räumen ist die rhythmische Einheit ein Ziel, das gewissermaßen als ein Ideal angestrebt werden kann. Schließlich können wir die Betrachtung sogar soweit setzen, dass auch in der Gestaltung eines Naturparkes, eines Gartens oder eines Erlebnisparadieses in der Natur gerade das Element des Rhythmus von ganz wesentlicher Bedeutung ist. Es sollte nicht nur die Natur so genommen werden, wie sie in ihrer Eigenart blüht und gedeiht, sondern sie sollte durch Menschenhand in eine bestimmte Ordnung und Richtung geführt werden. Indem der Mensch in die Natur eingreift, kann er diese in eine Art neue und gehobenere Verbindung führen.

Es ist weiterhin für die Anlage eines Gartens und seiner rhythmischen Ordnung wesentlich, dass auch die Umgebung betrachtet wird. Das Licht, das auf die Blumen und Pflanzungen, auf die Gemüse, auf die Bäume und auf die ganze Anlage fällt, ist in der gewählten Gegend immer das Gleiche. Wenn nun dieses Licht von oben herabkommt und es ist der Garten, der angelegt ist, in einem ganz materiellen Eingeschlossensein zwischen ganz andersartigen Verhältnissen, dann kann sich in der Regel der naturgegebene harmonische Aufbau darin nicht so sehr entwickeln, denn im Äther existieren keine so scharfen Grenzen wie in der Materie. Der Äther wirkt mit seiner freien Abstimmung überfließend und atmosphärisch ernährend. Die Umgebung ernährt deshalb den abgegrenzten Garten ebenfalls. Es muss das gesamte Erscheinungsbild des Gartens immer mit der Umgebung zusammen gedacht und harmonisch abgestimmt werden. Schließlich müssen auch die einzelnen Elemente wie Wasser, Licht, Schatten und Festes auf ein harmonisches Niveau gebracht werden. Wie der Mensch in die Bedingungen der Natur eingreift, ist durchaus eine Angelegenheit der Phantasie. Zunächst erfolgen Vorstellungen, die auf das Verbindende hinweisen. Mit der Zeit entwickelt der Mensch ein Gefühl für dasjenige, was auf harmonische Weise zusammenpasst. Wie passt das Feste mit dem Leichteren zusammen? Wie passt das Wachstumsfreudige mit dem Mauerwerk, das statisch ist, in einem harmonischen Gebilde zusammen?

Indem jener nicht uninteressante Blick entwickelt wird, wie zum Beispiel Übergänge von einer Sache zur nächsten stattfinden, oder wenn eine Kreation einer bestimmten Sache erfolgt und diese in den Zusammenhang mit der weiteren Umgebung gestellt wird, kann schließlich der Einzelne darauf achten, wie sich darin ein neues lichtfreudiges Bild verkünden kann. Es wäre dies das große Gebiet des Wissens über den Raum und seine Auflösung oder Durchgeistigung durch konzentriertes, imaginatives und inspiriertes Denken. Das Licht ist ein großes, ein sonnenhaft großes ätherisiertes Licht, aber dieses Licht manifestiert sich in der Form der verschiedensten Erscheinungsweisen. Die Gestaltung wird zum manifestierten Licht und damit zum Raum. Indem nun ein guter Blick erfolgt für die mögliche Harmonie und für das Zusammenwirken, für Übergänge und für eine gewisse Art der wachsenden Anregung der Gefühle in der Entwicklung der Sinnesfreude, entsteht eine rhythmische Manifestation, die gewissermaßen eine erste Andeutung der Auflösung des strengen räumlichen Begrenztseins offenbart. Dieses rhythmische, einheitliche, verbindende Bewusstsein durch denkende Geisttätigkeit ist deshalb ein ganz wesentliches Element, das zum Kultivieren des inneren Seelenlebens beitragen kann.

In der Sprachkunst, in der Kommunikationsentwicklung ist es deshalb wichtig, dass wir auch einige äußere Bereiche beachten und schließlich natürlich das Interaktionsfeld unter Menschen wesentlich bemerken. Indem diese Ausrichtung erfolgt, dass wir das Äußere einer Umgebung betrachten und schließlich das Innere des Menschen wahrnehmen lernen, das heißt, die Situation des Menschen einschätzen, können wir viel leichter ein gesundes Bewusstsein fördern und in der Art des Sprechens und in der Entwicklung eines gemeinsamen bewussten Vorstellungslebens die wahreren Gefühle in das Leben rufen.

Es ist nicht ganz einerlei, in welcher Umgebung man sich befindet. Es kann eine emotionale Umgebung sein, eine aufregende Umgebung oder es kann eine beschauliche Situation durch die Umgebung geöffnet sein.

Man wird in einer beschaulichen Umgebung nicht triviale Gespräche führen oder banale Witze reißen. Dennoch aber ist es so, dass diese äußere Umgebung schon anregt, dass eine bestimmte Art des Sprechens gewählt wird. Der Mensch sollte sich in Übereinstimmung mit den Bedingungen befinden. Er sollte so sprechen, dass auch die gesamte Umgebung damit einbezogen ist. Weiterhin sollte er für die Art des Wahrnehmens zum Menschen hin auch die Umgebung der Verstorbenen mit berücksichtigen, denn wenn jemand heute in einer Gemeinschaft oder Gesellschaft spricht, dann wird er eine Atmosphäre vorfinden, die niemals ganz allein von der sichtbaren Wirkung geprägt ist. Natürlich ist es so, dass man in einer gesellschaftlichen Umgebung nicht nur flüstern müsste, sondern man wird sich eben mit etwas gehobener Haltung bewegen, eventuell nach denjenigen fragen, die einmal im Kreise waren und nun verstorben sind. Man wird mit dieser Aufmerksamkeit bemerken, wie die Toten tatsächlich zuhorchen.

Stark wirken jedenfalls die verschiedenen Umstände, die verschiedenen Einflüsse aus einem Gesamten des praktischen, des materiellen oder auch des jenseitigen Umfeldes in die persönliche Kommunikation herein. Sie wirken immer, ohne dass sie eventuell wesentlich beachtet werden. Es ist also deshalb ganz wichtig, dass wir beim Sprechen einmal darauf achten, wie wir aus einem gehobenen Gedanken, einer klaren Idee oder Imagination eine Vertiefung, eine Konkretisierung, eine zutreffende Übereinstimmung oder allgemein eine sinngemäße Erweiterung fühlen können. Eine rhythmische Einheit, die aus einem imaginativen Gedanken inspiriert ist, zu erzeugen, ist ein gewisses Kunststück, ein Kulturkunststück, ein Kunststück des Kommunizierens im Sinne von gehobener Ausrichtung. Wenn es gelingt, sich mit einer klaren Vorstellung und einem empathischen Wahrheitsfühlen in einen Zusammenhang zu geben, dass die gewählten Worte zu den übrigen Bedingungen passend sind, dann wird im Allgemeinen eine erbauende Atmosphäre gedeihen.

Den Begriff der rhythmischen Einheit werden wir weiterhin im Therapeutischen kennenlernen, denn gerade eine Therapie sollte aus klaren Gedanken und Vorstellungen gehobener Art gedeutet sein, es soll das Konkrete am Anfang stehen und die Abläufe sinngemäß führen, damit sie das Nervensystem stärkend begleiten. Gibt es zu viel Durcheinander oder Unabgestimmtes, Unzusammenhängendes, so kann das in einem Therapieplan keine günstige Prognose ermöglichen. Die Entwicklung von Rhythmus und Einheit im Sinne des geordneten Astralleibes gibt der gesamten persönlichen Entwicklung ein gutes Fundament.

Dieser Gedanke sollte für morgen die Kommunikation eröffnen: Eine rhythmische Einheit sollte entstehen im Astralleib oder über den Astralleib, über das vom Ich geführte Bewusstsein.

Die Vermittlungsfähigkeit, die Anrede und die verbindende Wirkung des Astralleibes

Arco, 1.6.2007

Der Begriff über die rhythmische Einheit lässt sich am besten erfassen, wenn der Betrachter von einer pädagogischen Qualität der Führung der Sprache und Vermittlungsfähigkeit der Empfindungen ausgeht. Pädagogik sollte aus einem freien Ich heraus entstehen. Nur derjenige, der im Ich frei gegründet ist ohne Zwänge, ohne auferlegte Autoritäten, ohne sukzessive Untergründe, der kann tatsächlich auf seine Mitmenschen mit freien Gedanken und Aktionen wirken. Er kann schöpferisch und im Sinne einer aufbauenden Einheit wirken. Solange Autoritäten ihn besetzen und ihm Vorschriften erteilen oder solange ihn innere Zwänge leiten, ist die wirklich aufsteigende, progressive Ausrichtung einer wachsenden Sympathie nicht dauerhaft möglich.

Es ist nun für die Erkenntnisbildung, um was es sich im Astralleib handelt, außerordentlich wichtig, dass wir auch den Begriff des Weitens und Vereinens oder des Ausdehnens und Verbindens nehmen. Ausdehnen und Verbinden möchte der gute Teil des Astralleibes. Es ist das Bedürfnis des Begehrens, das im Inneren tatsächlich durch den Astralleib gegeben ist und das sich gerade dahingehend ausdrückt, dass der Mensch mehr mit seinen Mitmenschen, mit seiner Umwelt und mit seinen gesamten Möglichkeiten eine tiefere Verbindung eingeht. Nicht das Trennende kann die Absicht im Menschengeschlecht sein, sondern das Verbindende, das Vereinende und schließlich das Universalisierende.

Indem wir diese Betrachtung nehmen, wie dieser gute Teil des Astralleibes wirkt, ist es naturgemäß eine Notwendigkeit, den Willen nach diesen Kriterien einzustimmen. Der Wille sollte auch nach den guten Möglichkeiten des Astralleibes in die Zielorientierung gelangen. Das Verbindende im Menschlichen, das Näherkommen in das Fach- oder Sachgebiet sind wichtigste Kriterien, die diese Bewegung der menschlichen Seele umschließen.

In der pädagogischen Tätigkeit zeigt es sich, dass jene Menschen, die im Ich frei sind, ohne Zwänge, ohne irrationale Autoritätenbesetzung, gegründet in einer guten moralischen Haltung und Ausrichtung, am besten auf die verschiedenen Parteien oder Gruppierungen einwirken können. Es ist eine der wesentlichsten Aufgaben in der Pädagogik, dass der Mensch die vermittelnde, verbindende, überführende, überbrückende und damit menschlich versöhnende gewaltlose Kommunikation als menschliche Liebesqualität entwickelt, denn der Begriff Liebe wird mit diesen Kriterien in ein praktisches Schema geführt. Liebe ohne menschliche, sympathisch wesenserzeugende Weiterentwicklung der Kommunikation und Aufmerksamkeit, der Hingabefähigkeit und der Gedanken beinhaltenden Bewusstseinserfahrung ist dauerhaft nicht vorstellbar. Ganz besonders die Hingabefähigkeit benötigt diesen praktischen Teil der Beziehungsaufnahme, sodass der Mensch sich so hinwenden kann, dass er versöhnend, heilsam oder anregend, kreativ und damit erhebend wirken kann. Er wirkt sympathisch. Alle diese Bemühungen, die zur Sympathie des Astralleibes gehören, erfordern in jeder Weise eine mühevolle Auseinandersetzung. Der Tag bedarf verschiedener Disziplinen, damit die Sympathie des Astralleibes ausgeprägt wird.

Innerhalb eines Lehrerkollegiums, um das Beispiel herauszugreifen, gibt es verschiedene Positionen und es gibt die verschiedensten Aufgabenrichtungen, die jeweils dem Einzelnen verantwortlich auferlegt sind. Damit eine versöhnende und lebendig fluktuierende Arbeit entstehen kann, muss der individuelle Lehrer den Schullehrplan beachten und er muss die Kinder in der Schule in ihrer Kapazität einschätzen. Ein Lehrer, der heute mit den Bedingungen des auferlegten Leistungspensums einverstanden ist, ist wohl kein sehr weiser Lehrer. So kann sich ein Lehrer wohl, wenn er noch seinen Beruf liebt, nicht oder nicht sehr viel, im weitesten Sinne am allerwenigsten sogar mit den Leistungsanforderungen, die den Kindern auferlegt sind, identifizieren. Da es aber diese irrationale Autorität gibt, die im Sinne von ständig wachsenden Leistungsanforderungen Pläne entwirft und da es auch ein Gemüt der Kinderseelen gibt, der Seelen, die bedürftig sind, ist es naturgemäß, dass nun erst einmal verschiedene Spannungen entstehen.

Der Begriff der rhythmischen Einheit kann nun deutlich erfasst werden. Wer stellt die rhythmische Verbindung und schließlich wieder die Einheit von den großen Polen, von seelischer Bedürftigkeit und maximierter Leistungsanforderung des Staatssystems oder Lehrministeriums her? Es ist der Lehrer. Der Lehrer muss nun mit einer freien Sichtweise die Autoritäten wahrnehmen und er muss die Bedürftigkeit der Kinderseelen sehen und in eine empathische Vermittlungstätigkeit eintreten, die weise dem Lernen gerecht wird und die nicht in einseitigen Anbindungen, Unterwürfigkeiten, Symbiosen oder Leistungsschemen endet. Das Individuum ist heute bei einem Lehrerkollegium, wenn eine gute Arbeit Voraussetzung sein soll, weitaus mehr gefordert als zu früheren Zeiten, bei denen eventuell das Ministerium und der Lehrer in einem noch relativ nahen Austausch gestanden sind. Heute ist das Individuum mehr gefordert, es muss eine Leistung bringen, die im Allgemeinen der gesamten Bedingungen viel klarer in die Ordnung des Miteinanders eingreifen muss. Es muss eine rhythmische Veredelung von einem gewagten Denken zu möglichen verbindenden Gefühlen als eine logische Einheit entstehen, wenn ein Lehrer seine Arbeit heute gut vollbringen möchte. Diese bewusste, individuelle, eigenständige, überlegte und gewagte Anforderung ist mit vielen Einzelbeispielen belegbar und somit nachvollziehbar.

Aber auch in anderen Lebenssituationen, in betriebswirtschaftlichen Situationen muss der Mensch heute eine rhythmische Aufbautätigkeit leisten. Wer heute Betriebswirtschaft studiert, der wird in eine Orientierung geführt, die in aller Summe, ohne hier ketzerisch zu sprechen, nichts anderes besagt: Wie schaffe ich es, dass ich innerhalb der Gesetzesbestimmungen den anderen Menschen auf das Maximalste ausnutze und betrüge? Wie ist es möglich, den maximalsten legalisierten Betrug zu leisten? Wenn heute jemand Betriebswirtschaft studiert, dann wird er mit diesen Gesetzen vertraut gemacht.

Nun entsteht aber für den einzelnen Menschen der Konflikt, der sofort nachvollziehbar ist. Wie sieht es mit der wirklichen Moralität, mit einem *dharma*, mit einem inneren *dharma*, mit einem *sanātana-dharma*, mit einem ewigen *dharma*, mit einem ewigen Gesetz in den Himmeln aus? Wie kann der Mensch nun mit dieser Art Kollektivautoritätsform des Utilitarismus umgehen und ein reiferer, reiner Mensch werden? Wie kann die wahre, ganzheitliche Synthese nun in der Seele errungen werden?

Indem diese Frage gestellt wird und sie in die Richtung des pädagogischen Umgehens, des Kommunizierens, des menschlichen Miteinander-Zurechtkommens geführt wird, ist es bald ersichtlich, wie diese Formen schließlich nur dann in einen Aufbau übergehen können, wenn das Individuum sich wieder ausreichend auf einen freien und somit auch spirituellen Standpunkt begeben kann. Es muss das Individuum, wenn es einmal mit diesem Begriff bezeichnet werden kann, eine außerordentlich hohe Weisheit und darüber hinaus eine unerschütterbare Zähigkeit in der Entwicklung, Bewahrung und sinnvollen Integration der Ideale entwickeln. Diese unerschütterbare Zähigkeit im Denken und Fühlen, auf weisen Voraussetzungen gegründet, ist wie das sichere Seil des Bergsteigers. Derjenige aber, der Geistschulung betreibt, der kann eigentlich nicht umhin, als dass er, wie es umgangssprachlich heißt, wirklich ein »zäher Kerl«, ein Kerl des weisen Wagemutes wird. Wer Geist will, der wird auch in dieser Zeit zu einem zähen, beharrlichen Widerstand gegen alle nur auferlegten Kollektivformen antreten müssen, sich aber doch weise mit ihnen absprechen und das Notwendige tun, das für die Menschen zu tun ist.

Der persönliche Individuationsweg muss zunächst einmal gegenüber den Kollektivformen einer Kirche oder einer Institutionalisierung des Glaubens unabhängig werden. Das individuelle, richtige und weise Erheben gegenüber dem Zeitgeist der Gewohnheit ist deshalb erwähnenswert, da es in allen Lebenslagen geschehen muss. Wer heute eine wahre und richtige Aussage für das Leben entwickeln möchte, der muss sich aus bestimmten Formen heraus erheben, sein Vorstellungsvermögen anschaulich entwickeln und kreativ zu verschiedenen Parteiungen oder verschiedenen äußeren Formen neu in Beziehung treten.

Wer wirklich eine Beziehung zu seinem Manne oder zu seiner Frau in rhythmischer Einheit wünscht, der muss zunächst einmal gegenüber sich selbst alle Formen der Abhängigkeiten loslassen. Er muss sich erst einmal aus der üblichen, viel mehr im untergründigen Inneren besetzenden Anbindungsneigung befreien. Ein wirklicher Befreiungsschritt kann eine sehr verwunderliche und vielleicht sehr heikle Vorstellung hervorrufen. Aus all diesen Formen, die auferlegt sind, muss der Mensch heraussteigen und auf höherer Ebene einen neuen gedankenbezogenen Rhythmus oder eine rhythmisch aufsteigende Zielperspektive mit klaren Vorstellungen entwickeln. Nicht etwas Leichtes ist dies für den Menschen, aber derjenige, der eine Geistschulung absolviert, derjenige, der strebsam in seinem Leben ist, für den gibt es keine Ausnahme und keine andere Wahl, dieser wird die verborgenen Wahrheiten Schritt für Schritt herausfiltern und so herausheben, dass er schließlich in einer wirklichen Kommunikation tätig sein kann und schöne Möglichkeiten, kreative Fähigkeiten in allen Lebenslagen entwickelt.

Eine ganz besonders gute Übung zur Entwicklung einer rhythmischen Einheit der Kommunikation kann ebenfalls hier geschehen. In diesen Reihen ist es eine der qualitativen Voraussetzungen, die Gott sei Dank jeder beherrscht, dass jemand beispielsweise zwischen Exoterik und Esoterik auf wunderbarste Weise vermitteln kann. Es ist hier eine der hervorragendsten Fähigkeiten, dass es diese Möglichkeiten gibt, dass der Einzelne sich mit dem Worte erhebt und die Vermittlungstätigkeit auf lebendige Weise beginnt, wenn alle eventuell gerade in die devotionale Versunkenheit einmünden. Beispielsweise ist es seit Jahrzehnten hier üblich, dass wunderbarste Vorreden zum Empfang der neu angekommenen Teilnehmer gehalten werden und dass sowohl zu mir als auch zur Zufriedenheit der Teilnehmer bestens exoterisch vermittelt wird.

Es entstehen rhythmische Einheiten. Die Teilnehmer sind erstaunt über die Wortgewandtheiten und diese schönen Einführungsreden und ich bin jeden Tag von Neuem überrascht, wie diese wunderbare Kommunikation auf gehobener Ebene stattfindet. Das Zeichen der Schule wird in dieser Hinsicht in den ganzen Kosmos hinausstrahlen. (Anmerkung: Diese Worte wurden mit ironisierendem Humor gesprochen, da die wenigsten langjährigen Schüler zwischen Exoterik und Esoterik unterscheiden können und deshalb erhebliche Blockaden in der Kommunikation entstanden sind. Wohl meinte Heinz Grill, dass die Zeichen des Negativen in den Kosmos hinausstrahlen.)

Leider aber gibt es einige Personen unter uns, die auf die Schätze des nachtodlichen Lebens bereits jetzt schon sehnsüchtig warten. Dies ist auf jeden Falle ein Irrtum der Auffassung von Esoterik. Oder nicht? Nun ja, wohl doch? Jene Wesen, die unsere Zunge in der Kommunikationstätigkeit erzeugt, werden eingehen in die nachtodliche Welt und das Kleid der Seele bilden. In diesem genau der Worte und Innerlichkeit bemessenen Stoffe lebt einmal die Seele. Derjenige, der aber aus falschen Hoffnungen sogleich die verantwortlichen Kommunikationsschritte unterlässt und aus Angst, Falsches darzulegen, schweigt, der wird sich an wichtigsten Möglichkeiten reduzieren und einen seelenstofflichen Mangel erleiden. Die Kommunikation im irdischen Dasein bietet beste Gelegenheiten zur seelischen Entwicklung.

Wie ist es im Allgemeinen des ganz einfachen Lebens? Es begegnen sich zwei verschiedene Gruppen. Einer in diesen Gruppen kennt alle. Der eine wird sich nun der Freude der Begegnung besonders widmen und die seriöse Vorstellungstätigkeit beginnen, sodass sich der einzelne Übende klar darüber wird, wie die irdische Welt auf die Nachtodliche einwirkt, wie die Werte, die durch Disziplin errungen werden, eine jenseitige Substanzerkraftung darstellen. Bildhaft und empfindungsgemäß gesehen, kann sich der Schüler vorstellen, dass die Überwindung von schlechten Worten, trivialem oder emotionalem Plaudern, von emotional überschießenden Temperamentsausbrüchen, Hysterien oder Klagewallungen wie ein Umschlagen der Atmosphäre in der geistigen Welt wirkt. Es ist, als ob das Wetter, wenn es allegorisch so bezeichnet werden darf, in der seelischen Welt umschlägt. Die Disziplinierung der Sprache von trivialem Gerede zu einer gehobenen und angemessenen empathischen Kommunikation bewirkt in der seelisch nachtodlichen Welt eine Aufheiterung. So sieht der Schüler auf dem geistigen Pfade, wie die Pole von der irdischen Welt zur Jenseitigen oftmals mit unterschiedlichen Empfindungen belegt sind. Wer in der irdischen Welt eine vitale Plauderei beherrscht, mag unter den irdischen zeitgemäßen Bedingungen eine Anziehung und Aufmerksamkeit genießen. Das triviale Gerede gewinnt oft die meiste Aufmerksamkeit. In der seelischen nachtodlichen Welt aber erleiden die Verstorbenen eine Atmosphäre des schlechten Wetters. Alle Bemühungen, die auf ein gehobenes konkretes und empathisches Niveau gerichtet sind, bewirken eine Art Umschlagen des seelischen Wetters zur Heiterkeit.

Bei der Kommunikation sich vorzustellen, wer und um welche Persönlichkeit es sich handelt, ohne den Menschen in Schwärmerei zu heben, ohne Falsches über ihn zu sagen oder auf der anderen Seite, ohne ihn in einem zu engherzigen, zu niederen Licht zu lassen, ohne emotional entrückt zu sein oder sentimental zu werden, ist eine ganz hervorragende Tätigkeit der Übung, denn es ist tatsächlich die Fähigkeit zur richtigen Anrede und Aufmerksamkeit, zur Beachtung und Wahrnehmung, die geübt wird, ein Merkmal des persönlichen, freien Willens. Der Mensch wird gewissermaßen das Wetter im Kosmos beeinflussen, wenn er aus den Sentimentalitäten des trivialen Lebens aufsteigt und seinen Willen zur Sprache solide gebraucht. Es kann durch die richtige Anrede, die mehr ist als eine Präposition, erstmals eine rhythmische Begegnungsentwicklung mit einer Freiheit des Persönlichen in die Geburt kommen. Den Mut aber, das Wort zu ergreifen, das Ich zu erheben und zu vermitteln, Brücken zu schaffen und richtige Gedanken in die Ausdrucksformen zu führen, ist eine ganz wesentliche Aufgabe, die eine erste elementare Wirkung auf die seelisch nachtodliche Welt im Sinne von Witterungsbeeinflussung gibt.

Wie eine rhythmische, bewegte empathische Sprachkultur in der gegenseitig bewahrten Freiheit des Willens entsteht, ist oftmals bereits von den ersten Begegnungsverhältnissen abhängig. So wie die erste Begegnung stattfindet, so kann unter Umständen auch das Ende aussehen. Man erinnere sich an manche Begegnungen. So wie das Aufeinander-Zugehen das erste Mal war, so wiederholt es sich immer wieder und endet auch in gleichen oder ähnlichen Kategorien. Wenn der Mensch lernt, mit Sympathie auf den anderen zuzugehen, wird am Ende auch nichts anderes bleiben können als Sympathie. Wenn er aber vergisst, auf den anderen zuzugehen und fremde Kräfte walten lässt, sodass er im wahrsten Sinne fremdbestimmt ist, das ist eine der häufigen Begebenheiten, dann ist auch am Ende immer wieder die daraus angezogene Antipathie als Komplikation wirksam. Das Fremdbestimmtsein oder astrale Besetztsein entsteht dann, wenn sich das Gemüt den vielen täglichen Emotionen preisgibt und das Ideal eines bewusst gewählten oder selbst entschiedenen Denkens aufgibt. Der Schüler gibt beim sogenannten astralen Besetztsein sein Ich an die Emotionen oder Einflüsse der Umwelt ab.

Indem diese Begrifflichkeiten über die Führung in der Sprachgestaltung oder im Gegensatz dazu über ein emotionales Treibenlassen aber einmal um der Anschauung willen aufgefasst werden, wird die Notwendigkeit ersichtlich, dass all die Begegnungen, die der Mensch erlebt, in eine ordentliche Verantwortung zu bringen sind. Verantwortliche Worte sind im Jenseits und in der Zukunft tragfähig. Sie sind deshalb tragfähig, denn die Worte sind gezeugte Wesen, durch Luftumsetzung erschaffene Substanzen, die in die astrale Welt eingehen. All die Begegnungen, die der Mensch aus seinem Ich heraus motiviert, mit Sympathie füllt, sind Bausteine für ein weiteres menschliches Miteinander. Aus dem Grunde ist die sympathische Einstimmung des Astralleibes, mit einem guten Teil der inneren Moralität versehen, eine Grundbasis für alle Kommunikation. Eine rhythmische Einheit entsteht, indem der Mensch lernt, sich durch gute Vorstellungstätigkeit von einem bisherigen, besetzteren, allgemein vereinnahmten Niveau emporzuheben in ein höheres, freieres Niveau und schließlich in eine bessere Weite, Versöhnung und Wahrnehmung der Gegenseitigkeit.

Fassen wir schematisch die Gedanken zusammen. Am Anfang der Kommunikation bildet der Schüler geeignete und wahre Vorstellungen, die auf soliden Gedanken gegründet sind. Die Emotionen des Lebens besitzen vorerst keinen Wert für ein solides Denken. Aus den Vorstellungen entwickelt der Schüler weiterhin eine Sympathie und Empathie zu seinem Umfeld, zu den Mitmenschen und bringt je nach Temperament, in heiterer oder sachlicher Weise seine Worte ein. Ein aktives, beziehungsfreudiges Bewusstsein begleitet das Sprechen. Dieses Sprechen ist immer wie eine Art Anrede, die das Miteinander respektiert. Je weiter eine Vorstellung das persönliche Gespräch führt und mehr eine tätige, wahre Begegnung stattfindet, desto mehr können wir von einer rhythmischen, wachsenden Einheit sprechen.

Methoden für ein Kommunikationstraining

Arco, 1.6.2007

Für die Kommunikation wird es notwendig werden, eine geeignete Form des Trainings zu entwickeln. All das, was gelernt werden soll, muss durch eine geeignete Disziplin einstudiert werden. Es stellt sich die Frage, wie die Kommunikation auf methodische Weise in eine Reife gebracht werden kann. Wie können Reifeschritte auf ganz exakte lernfreudige Weise errungen werden? Das Kommunizieren wäre wohl zu einer trivialen Angelegenheit verurteilt, wenn es nur einmal nach Launen und nach den normalen Bedingungen des Alltages eintreten würde. Das Kommunizieren muss tatsächlich eine Willensaufgabe steigender Qualität werden.

Aus diesem Grunde konkretisiert sich bereits die Frage: Wie lässt sich der Wille einstimmen, damit dieser aufsteigende Willensschritt richtig erfolgen kann? Wie kann die Seele bewegt werden und wie können schließlich die Gedanken in die Vorstellung finden und diese Gedanken schließlich weiter in die Handlung der Kommunikation übergleiten?

Ein einfaches Beispiel lässt sich darstellen, wenn der Schüler auf dem Wege kurze Beiträge, kurze Beschreibungen oder kleine Referate leisten muss. Indem jemand aufgefordert wird, nicht nur zwei bis fünf Worte als Antwort zu leisten, sondern eine beschreibende Darstellung mit anschaulichem Charakter darzustellen, entsteht der erste Willensaufbau. Leicht ist es immer für den Schüler, eine lapidare Antwort anlässlich schnell erwogener Begriffe zu geben, schwerer und damit willentlich nur durch Disziplin erringbar, ist es, wenn der Einzelne einen Beitrag ausformen muss, der selbständig als klare Beschreibung mit verbindendem und doch in sich einheitlich geschütztem Charakter entsteht.

So wie der Musiker, der fünf Töne anschlägt und diese Töne in harmonischem Zusammenhang bringt, damit sie ein Harmoniegebilde bilden, so muss derjenige, der eine Beschreibung abgibt, auch das Bild in ein harmonisches Gefüge und in eine gesamte rhythmische Einheit überführen. Die Beschreibung einer *āsana,* einer Körperübung in der Dreigliederung kann beispielsweise ganz lebendig und einfach aufzeigen, wie sie verstanden und wie sie mit Gedanken oder Bildern ausgedrückt werden kann. Indem eine *āsana* beschrieben wird, findet der Lehrer oder der so sich in der Übung Praktizierende eine Übereinstimmung zwischen dem, was er in Worten gibt, zu dem, was auch der Körper in seiner Ausdrucksgebung widerspiegelt. Wort und Handlung oder Beschreibung und Beispiel geben somit eine natürliche Einheit wieder.

In anderen Bereichen sollte die Arbeit ebenfalls zu diesem Ergebnis hinführen. Innerhalb des persönlichen Austauschs ist es notwendig, eine Art Linie zu finden, die geeignet ist, dasjenige zu beschreiben, das auch wirklich im Sinne des Wunschgebildes liegt. Indem der Begriff »die gute Seite des Astralleibes« gebraucht wird, ist es unumgänglich, auf die tragfähige Ich-Grundlage hinzuweisen. Die gute Seite des Astralleibes trägt das Ich, es ist gewissermaßen das Fahrzeug oder – sogar noch klarer – der feste Boden, auf dem sich alles Weitere, Bewegende abspielen kann. Diese innere Substanz, die den guten Astralleib kreiert, muss deshalb mit dem Zentrum in Verbindung gebracht werden, von dem das Ich ausgeht und zu dem das Ich immer wieder zurückkehrt.

Gewissermaßen ist diese gute Seite des Astralleibes immer mit einer unendlichen Bewegung von Gedanken verbunden. Es ist wie die gesunde harmonische Lemniskate, die Cassinische Kurve, die immer wieder in neuen Schwüngen ausgleitet, sich aber doch unendlich wiederholt und somit auch ein erstes Zeichen der Unendlichkeit darstellt. Der Mittelpunkt einer Cassinischen Kurve ist normalerweise nach mathematischer Definition in zwei Punkten gegeben. Indem aber der Astralleib einmal betrachtet wird, ist der Mittelpunkt dieser Bewegung, die er im Nachfolgenden ausführt, nicht auf zwei Punkte begrenzt, sondern auf einen Ankerpunkt und die Bewegung mündet immer wieder in die gleiche Schleife ein. Sie gleitet aus und kehrt zurück.

So ist auch das gesunde Ego des Menschen, wenn der Begriff Ego überhaupt dazu gebraucht werden kann. Normalerweise ist der Begriff Ego negativ besetzt. Sobald jemand eine Unterscheidung herbeiführen möchte zwischen einem gesunden Ich und einem etwas ungesunden, schlechteren, niedrigeren, unangebrachten Ich, nimmt er mehr die Begriffe des Selbst und das Ego in den Vergleich. Das Ego ist der ungesunde Teil, der gesunde Teil ist das Selbst. Die Begriffe selbst lassen sich leicht mit Verwirrungen durcheinander gebrauchen, denn es ist schwer zu erkennen, wann die Betonung des eigenen Persönlichen angebracht ist und wann es nicht angebracht ist.

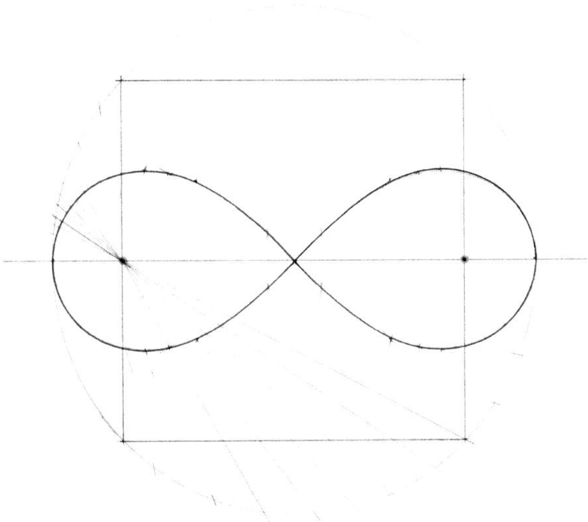

Konstruktion einer Lemniskate

Die Lemniskate ist ein Spezialfall der Cassinischen Kurve.
Hier wurde sie aus dem Verhältnis von Kreis und Quadrat konstruiert, bei dem der Kreis genau die Eckpunkte des Quadrats schneidet. Die Schnittpunkte des Quadrats auf der Ebene bilden einen Doppelpunkt als Ursprung der Kurve.
Im mathematischen wie auch übertragenen Sinne gilt die Lemniskate als Symbol der Unendlichkeit.

Nun ist es für die Methodik einer guten beschreibenden Darstellung oder anders ausgedrückt für die Entwicklung eines Gefühls, das kreativ ausgestaltet werden soll, das aus einem dumpfen Zustand in einen gehobeneren Zustand kommen soll, wichtig, dass sich dieses Ego nicht verliert, sondern immer wieder dort zurückkehren kann, wo seine natürliche Bewegung ist und auch dorthin, wo der natürliche, gesunde Ankerboden im Astralleib ist. Dort also, wo sich der gesunde Teil mit seiner Mitte im Astralleib befindet, dort sollte das Ich wieder zurückkehren können. Das ist aber nur möglich, wenn dieses Wort Ich an der richtigen Stelle platziert ist.

Die Frage ist für den geistig Strebenden eine außerordentlich wichtige, die er im Leben normalerweise nicht löst. Normalerweise vergeht eine ganze Inkarnation und er wird diese Frage nicht lösen. Wann darf er das Ich einsetzen und darf sein Selbstbehauptungsrecht nehmen oder seinen Selbstwillen darstellen und wann muss er seinen Willen aufgeben, wann muss er sich tatsächlich im karitativen Dienst oder in einer Selbstlosigkeit nach außen überantworten? Diese Frage zu beantworten, schafft in der Regel der Geistschüler selten. Da er sie in den meisten Fällen nicht mehr bewältigt, ist er auch ein ganzes Leben verunsichert. In dieser Schule hier, das wissen nun alle Anwesenden, ist das ein großes Problem. Denn in dieser Schule, in einer Schule, in der Methodik und Innerlichkeit auf harmonische Weise zusammenwirken sollten, müsste auch dieses Ich eine nähere Betrachtung finden und es könnte schließlich erkannt werden, wie dieser gesunde Teil des Astralleibes weiter in Festigkeit überzuführen ist. Die Kommunikationsschwierigkeiten in der Schülerschaft sind groß, da sie mit dem richtigen Zielkonzept noch nicht begonnen haben.

Es kann beispielsweise ein Gefühl in die Betrachtung kommen. Dieses Gefühl kann zu einem Ziel, zu einem Wunsch gedeihen, es kann regelrecht eine Kreativität anhand eines ersten Gefühles erfolgen. Hierzu ist es nur einmal notwendig, dass grundsätzlich ein Antrieb im Menschen vorhanden ist. Er braucht als Antrieb einmal eine Bewegung in seiner Seele selbst, er benötigt also eine astrale Bewegung, die in der Regel mit einer Sehnsucht oder einem Wunsch gegeben ist. Der Wunsch ist noch einmal undifferenziert, die Sehnsucht ist noch sehr wenig in eine spezifische Wirklichkeitsform geführt. Noch ruhen die Gefühle dumpf in einem untergründigen Gefühlswillen oder Willensgefühl. Meist ist es so, dass der Einzelne gar nicht zu einem konkreten Sinn und einer richtigen Identifizierung seiner Absichten kommt.

Nun ist es der erste Schritt, Sehnsüchte, Wünsche im Leben aufzubauen und schließlich die Wünsche, so egoverhaftet sie auch sind, dorthin zu führen, dass sie in einer wirklichen Ich-Grundlage mit Würde und Charakter ihren Ausdruck finden. Gelingt es, den undifferenzierten, sehnsüchtigen, anklammernden Wunsch, der nun einmal wie eine Begierde aus dem Leibe spricht, wie eine Sehnsucht aus dem persönlichen Verlangen, in eine klarere, bewegte und erstmals schon beziehungsfreundliche Begegnung zu führen, dann wird auch das Ich in dem gesamten Spiel der Kräfte auffindbar. Das Ich kann plötzlich als Ich erkannt werden. Es wird als ein nicht mehr im Körper so sehr angeschmiedetes Ich erlebt, sondern es wird bereits schon auf der Grundlage von gehobeneren Gefühlen entdeckt.

Die Methodik, die nun der Einzelne entwickeln kann, ist diejenige, dass er in seinem Konzept Ziele, Vorstellungen, Wünsche, Bedürfnisse und Ideale nach bestmöglichem Maße formuliert. Der kommende Schritt aber ist es, das Ich mit der persönlichen Absicht zu berücksichtigen, sodass das Bedürfnis einen Ankergrund im eigenen Inneren hat und gleichzeitig eine Bewegung in das Universale nimmt. Wenn dieses Ich sich richtig gebärdet, dann bleibt es plötzlich nicht mehr in dem spaltenden, kleinlichen, ängstlichen Teil der Persönlichkeit angesiedelt, sondern nimmt die freundliche, versöhnende Strahlkraft an, die man tatsächlich als diejenige Strahlkraft von Wärme im Leben bezeichnen kann. Es entsteht mit den vom Bewusstsein geführten Vorstellungen Wärme in der Kommunikation. Die Wärme gründet sich auf der Grundlage, dass lebendige Gedanken, verbunden mit Gefühlen, in die Aktion des Kommunizierens eingetreten sind.

Das Kommunizieren sollte nicht nur eine triviale Erheiterung sein und es sollte auch nicht eine Phantasterei mit allerlei Wortspielen und Wortformeln darbringen, sondern es sollte das Kommunizieren dieses Wärmeelement in sich tragen, das sowohl die Verbindung zum eigenen Inneren gibt als auch die ganze Sphäre erfüllt mit einer ersten naturgegebenen, angenehmen, aufnahmeträchtigen Liebeskraft. Die Methodik, die dazu notwendig ist, ist diejenige, dass der Einzelne lernt, seine Bedürfnisse nicht nur zu äußern, sondern seine Bedürfnisse auf gehobene Weise zu beschreiben, dass sie auch mit einem Ideal in Versöhnung kommen. Würde der Einzelne nur dabei stehen bleiben, Bedürfnisse zu äußern, so würde er in den Konflikt mit seinem eigenen persönlichen Wesen kommen. Er müsste gewissermaßen, wenn er in die geistige Schulung eintritt, seine Bedürfnisse als reine persönliche Gefühlsäußerung unterdrücken. In den meisten Fällen wird das persönliche Bedürfnis, das der Einzelne besitzt, nicht für ein Lernen miteinander und für ein soziales, gutes, integrierfähiges Zusammenwirken brauchbar sein. Deshalb muss das Bedürfnis im Willen mit einem Ideal zusammentreffen.

Nun ist es aber das Kunststück, dieses persönliche Bedürfnis so mit dem Ideal in Verbindung zu setzen und gewissermaßen eine Synthese herzustellen, in der Art des verbalen Darstellens, in der Art der beschreibenden Wirkung, dass nun dieses Persönliche im Ideal entflammt und ein Ich mit dem Ideal ausstrahlt. Eine Sonne soll aufgehen, eine Art Wärmesubstanz soll erstrahlen innerhalb dieses Gefüges von Persönlichem und Ideal oder anders ausgedrückt, von dem, was das eigene Bedürfnis ist und dem, was die Idealität, die Notwendigkeit eines größeren Gesamten der übrigen Anwesenden und der wahrzunehmenden Ziele darstellt.

In diesem Sinne lässt sich das Kommunikationskonzept erüben. Es muss sich der Einzelne für diese Übung erst einmal einige seiner wichtigsten Ziele aufnotieren. Diese Ziele sind erst einmal mit einem mehr oder minderen persönlichen Bedürfnis begleitet. Er darf durchaus feststellen, wie er mit diesem Äußeren seiner Wünsche noch in seiner selbst und seinem eigenen begrenzten Willen liegt. Dann aber müsste er das Ideal dem Persönlichen gegenüberstellen und er müsste ein Zielkonzept in Kürze ausarbeiten, wie das Ideal eines Menschen aussieht, der frei ist von Bindungen, frei von persönlichen Bedürfnissen und egohaften Wünschen, wie der Mensch, der gebend und achtsam ausstrahlt, auf eine Gesamtheit wirkt. Es muss das Ideal anhand eines gesunden Menschenbildes und eines fassbaren äußeren Geschehens aufgebaut werden. Es muss eine reale konkrete Vorstellung über die idealen zu erstrebenden Verhältnisse in die Darstellung kommen. Schließlich ist es dann in der methodischen Darstellung der dritte Schritt, dass man beide, das persönliche Bedürfnis und das Ideal in eine beschreibende Synthese führt.

Das Ich darf also eingreifen, das Ich darf sich benennen und darf sich in die Bewegung eines Gesamten einfügen. Dann ist das Ich aber nicht mehr ein Egoteil, sondern dann ist dieses Ich plötzlich zu einer universalen Stimme verwandelt, zu einer vom Ideal durchtränkten Stimme, es wird zur Autorität, es wird zu einer kräftigen und verankerten freien Liebe. Der Astralleib trägt dieses Ich, er verankert dieses Ich und gleichzeitig kann der Einzelne in einer natürlichen, integrativen Weise zu seinen Mitmenschen in Beziehung treten. Nicht mehr der Konflikt bestimmt ihn zwischen dem Persönlichen und Überpersönlichen, zwischen dem Egoverhafteten und dem, was als Ideal eingefordert werden soll, sondern es wird durch die Kommunikation im Sinne einer beschreibenden, inhaltlichen Aufbereitung der inneren Gefühlslage dasjenige wirksam, das tatsächlich ein Bedürfnis des Seelischen und sogar des Kollektiven innerhalb eines Seelischen ist. Das, was wirklich ein Bedürfnis des Einzelnen ist, ist auch ein Bedürfnis der anderen. Das, was ein Bedürfnis der anderen ist, ist ein Bedürfnis des Einzelnen. Diese Wahrheit, die im physischen Sinne nicht möglich ist, auf diese Weise zu deklarieren, ist aber möglich, im seelischen Sinne als Wirklichkeit und Wahrheit des Beziehungsgefüges zu erkennen.

Om Namo Nārāyaṇāya
Ein kristallglitzernder Gedanke
Der ist des Kosmos schönste Zier
Ein Leuchten für die Seele selbst.

Der klare, wohl erwogene Gedanke
Erstrahlt funkelnd hernieder auf das Haupt
Erwärmt das fragende Auge.
Die wachen Sinne fühlen freudig ihm entgegen.

Der Körper, der wankelmütige Knecht
Gesundet im wohl gedachten Gedanken.
Freude flammt im Licht hervor
Das Denken ist aber nicht des Körpers Eigentum.

Der Gedanke, der kristallerglitzernde
Begleitet jedes wohlerwogene Wort
Schenkt der Zunge anmutigen frischen Klang
Die Sprache bewegt das Seelenlicht.

Om Namo Nārāyaṇāya
Ich spreche Worte, fühle, achte
Den kristallerglitzernden Gedanken,
Denn dieser ist des Seins erhaltende Macht.

Die Bedeutung von *Om Namo Nārāyaṇāya*

Arco, 19.5.2007

Wenn ich die klassische Beschreibung über das Ich nehme, die die indische Philosophie ganz natürlich dialektisch aufbaut, indem sie nur die Gegenüberstellung zwischen Körper und höchstem *ātman, parātman,* beschreibt, so ist dennoch ein Geheimnis ausgedrückt. So leicht wie das Bild äußerlich erfassbar sein kann, dass das Ich nicht der Körper ist, sondern eine ganz andere innerste Transzendenz, eine Seins-Transzendenz, so schwer ist es doch, in aller Realität zu verstehen, wo und wie dieses mysteriöse Ich in seinem geistigen Seinsurgrund ruht und welchen Zusammenhang des Weiteren der Gedanke darstellt.

Wenn ich sage, *Om Namo Nārāyaṇāya,* »Ich bin ein realer Gedanke«, dann ist damit eine erweiterte Beschreibung des Mantra gegeben und dennoch aber ein Geheimnis angesprochen. Es bleibt der übersetzte Wortlaut ein Geheimnis, denn was ist dieser Gedanke? Dieser Gedanke wird sich erst lichten in seiner eigentlichen Grundlage, wenn wir die nötigen Erfahrungen auf dem Schulungsweg absolvieren. Wir müssen für die Erfahrung des reinen Gedankens diejenige Disziplin aufbringen, dass wir den Gedanken aus dem komplexen Gebilde des Seelenleibes herausfiltern lernen. Der Gedanke, wie er jetzt im normalen gewöhnlichen Dasein gegeben ist, wie er sich für uns zunächst einmal ohne Konzentrationsbildung anfühlt, ist nicht greifbar, nicht erfahrbar und damit auch nicht sichtbar. Erst ab dem Moment, ab dem wir alle Emotionen von ihm wegfiltern und schließlich auch den Willen heraussondern, der ganz verborgen im Gedankenleben mitbeteiligt ist, finden wir schließlich den Gedanken vor.

Wir können davon ausgehen, dass wir drei Glieder haben. Ich kann sie der Einfachheit halber einmal anführen. Da ist der Gedanke oder das Denken, dann sind es emotionale Gebilde oder die sogenannten bekannten Gefühle und schließlich als Drittes das Willensleben.

Nun muss die Disziplin der Konzentrationsbildung eintreten, dass wir diesen Gedanken auch als Gedanken erleben. Dann werden wir gesondert die Gefühle erleben oder die Bewusstseinsformen der Gefühle, die

Kreationen und schließlich werden wir – wieder unabhängig davon – das Willensgefüge erleben. Es muss eine Konzentrationsbildung eintreten, die diese Substanzen voneinander trennt. Wenn wir heute, sagen wir eine blaue Farbe, schließlich eine violette Farbe und dann noch eine gelb-grüne Farbe zusammenmischen, finden wir zuletzt irgendeinen eigenartigen, etwas dunklen, vielleicht schmutzigen Blauton vor, der undifferenziert ist. Damit wir zu einem reinen Farbton kommen, müssen wir die einzelnen Farben wieder für sich herausfiltern.

Ähnlich ist es in unserem ganzen Seelengebäude. Die Konzentrationsübung oder allgemein die Seelenübung sollte so ausgerichtet sein, dass die einzelnen Elemente oder die einzelnen Kräfte in der Seele selbst wieder hervorkommen. Wenn es nun gelingt, richtige Konzentration zu üben, wird der Gedanke für sich aufleuchten und wird sich gegenüber dem Gefühl und gegenüber dem Willen wie ein freies Wesen darstellen. Dann können wir feststellen, dass dieses Ich real ein Gedankenwesen ist. Dann werden wir tatsächlich zu der Erkenntnis kommen: Nicht der Körper ist das Ich, sondern der schöpferische Urgrund des Gedankens selbst bildet die Anlage für das Ich. Schließlich werden wir sogar weiter feststellen können, dass auch der schöpferische Urgrund der Gefühle mit den Gedanken eine Art Einheit bildet, aber eine andere Einheit wie das im menschlichen Leben der Fall ist, und auch das Willensleben werden wir als Einheit zugehörig zu diesem Gedanken erkennen können und werden feststellen, dass sie zusammen im geistigen Reich eine Art Ursprung bilden, der für sich wirksam ist, aber anders wirksam, wie das im normalen menschlichen Bewegtsein, im gesellschaftlichen Auf und Nieder der Fall ist.

Wenn dieser Weg richtig beschritten wird, kommt man zu der beseligenden Erkenntnis des *Om Namo Nārāyaṇāya*. »Ich bin ein reales Gedankenwesen, ich bin eine Transzendenz im Gedanken, das ist mein Glück.« Das Ich-Selbst ist in diesem Urgrund gegründet und diese Erkenntnis schenkt eine glückliche Vorsehung.

Der Meditationsinhalt mit *Om Namo Nārāyaṇāya* kann auf diese Weise mit diesen Hintergründen, mit diesen Angaben der Ausführungen besser verstanden und besser gedacht werden. Wenn wir konkret und wiederholt diese Vorstellung heranbilden, dann wird es mit der Zeit deutlich, dass es für das Leben notwendig ist, in alles, was wir tun, in jede Handlung, in jede Begegnung einen Gedanken hineinzuführen oder zumindestens eine Vorstellung heranzubilden. Indem diese drei Kräfte miteinander verwoben sind, das Denken, das Fühlen und der Wille, kommt ein gewisses emotionales Konglomerat heraus, das bei dem einen mit dem Temperament des Heftigeren, bei dem anderen vielleicht mit dem Temperament des Melancholischen, des Phlegmatischen, des etwas Behäbigeren gefärbt ist. Dieses Konglomerat an verschiedenen Emotionen treibt in der Regel den Menschen über den Willen ohne rechtes, klares Bewusstsein zu Worten und Handlungen. Damit aber das Bewusstsein deutlicher wird und die Erkenntnisse eintreten können, muss also eine entscheidende Disziplin der Konzentrationsbildung und der Aufteilung der verschiedenen Wesensteile eintreten.

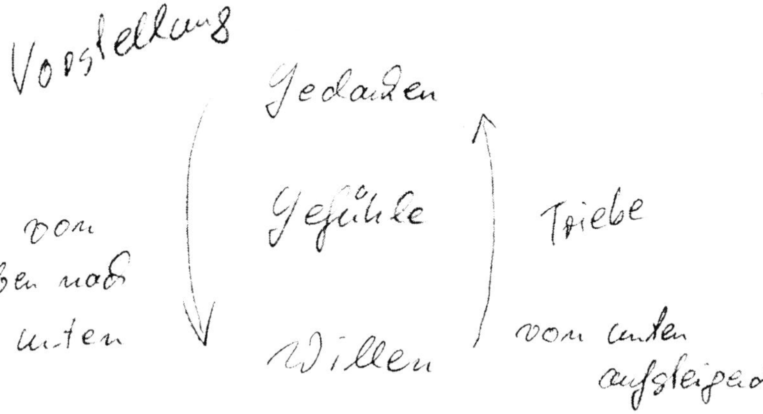

In der Konzentration sind die Wesensteile des Denkens, Fühlens und des Wollens klarer voneinander gegliedert.

Ergänzende und weiterführende Fachliteratur:

Heinz Grill:

Die Signaturen der Planeten und die seelisch-geistige Entwicklung in der Pädagogik –
Unterrichtsbeispiele des Herausgebers Günther Pauli

Das Wesensgeheimnis der Seele
Die Organe des Menschen, ihr seelischer Zusammenhang und die Möglichkeiten eines spirituell orientierten Bewusstseinsaufbaues
Vier große Entwicklungsprozesse

Ein Neuer Yogawille
und seine therapeutische Anwendung bei Ängsten und Depressionen

Orientierung und Zielsetzung des Yoga aus der Reinheit der Seele

Die Synthese von Geist und Welt

Die Beziehung zu den Eltern – ein Tor zum Frieden

Verborgene Konstellationen der Seele

alle Lammers-Koll-Verlag, Sachsenheim-Häfnerhaslach

Rudolf Steiner:

Sprechen und Sprache
Verlag Freies Geistesleben, Stuttgart

Anthroposophie, soziale Dreigliederung und Redekunst
Rudolf Steiner Verlag, Dornach

Alle Bücher sind in unserem Webshop
unter *www.yogabuecher.de* erhältlich.

Heinz Grill, Heilpraktiker, Yogalehrer und spiritueller Lehrer, wurde 1960 in Soyen bei Wasserburg am Inn geboren.

Er begründete in den letzten zwei Jahrzehnten mit dem »Neuen Yogawillen« einen zeitgemäßen spirituellen Schulungsweg. Die verschiedenen von ihm entwickelten Bewusstseinsübungen dienen zur Weiterentwicklung des Seelenlebens und möchten ein künstlerisch-ästhetisches Empfinden der Menschen fördern.

Bis zum Jahr 1994 bildete Heinz Grill Yogalehrer aus, widmete sich danach zunehmend geistigen Forschungsarbeiten, die über den Yoga hinaus viele Gebiete des Lebens betreffen. Diese Erkenntnisse sind in zahlreichen Büchern und Broschüren veröffentlicht. Themen wie Heilkunde, Ernährung, Pädagogik, Erziehung und Selbsterziehung, Wirtschaft, Baukunst und Natur bieten viele Möglichkeiten zur Weiterentwicklung.

Diese Broschüre ist aus verschiedenen Vorträgen entstanden, der Wortlaut wurde möglichst in der Originalform belassen, um den Vortragscharakter zu bewahren.

Eine ausführliche Beschreibung über die Arbeit von Heinz Grill finden Sie im Internet unter *www.heinz-grill.de*.